Rötzer · Der europäische Schelmenroman

Hans Gerd Rötzer

Der europäische Schelmenroman

Philipp Reclam jun. Stuttgart

RECLAMS UNIVERSAL-BIBLIOTHEK Nr. 17675
Alle Rechte vorbehalten
© 2009 Philipp Reclam jun. GmbH & Co., Stuttgart
Gesamtherstellung: Reclam, Ditzingen. Printed in Germany 2009
RECLAM, UNIVERSAL-BIBLIOTHEK und
RECLAMS UNIVERSAL-BIBLIOTHEK sind eingetragene Marken
der Philipp Reclam jun. GmbH & Co., Stuttgart
ISBN 978-3-15-017675-7

www.reclam.de

Inhalt

Vorbemerkung

Archetypen der Pikareske 9

Última carta de Lazarillo de Tormes – Stufen einer »literarischen« Interpretation 15
   1. *La vida de Lazarillo de Tormes, y de sus fortunas y adversidades* (1554) 16
   2. *La segunda parte de Lazarillo de Tormes y de sus fortunas y adversidades* (1555) 19
   3. Juan López de Velasco, *Lazarillo de Tormes castigado* (1573) 23
   4. Juan de Luna, *Secunda parte de la vida de Lazarillo de Tormes. Sacada de las crónicas antiguas de Toledo* (1620) 24
   5. Juan Luis Fuentes Labrador, *Última carta de Lazarillo de Tormes* (2003) 28

Subversive Affirmation – Das Los der jüdischen Konvertiten (*conversos*) als zentrales Thema der *novela picaresca* 32
   1. Die gesellschaftliche Opposition des *Lazarillo de Tormes* (1554) 35
   2. Die orthodox-dogmatische Doppelsinnigkeit des *Guzmán de Alfarache* (1599/1604) 37
   3. Pikareske als Provokation. Das ungebundene Leben der *Pícara Justina* (1605) 46
   4. Die orthodoxe Antwort: Quevedos *Buscón* (1626) 49

Cervantes und die Pikareske – Offene gegen dogmatische Erzählstruktur 54

Der Landtstörtzer: Gusman von Alfarche oder Picaro genannt – Eine Pikareske im Dienste der Gegenreformation 67

L'Aventurier Buscon. Histoire facecieuse – Ein pikareskes Happy End 74

The English Rogue – Einstieg in die Handelswelt . . 79

Der Abentheurliche Simplicissimus Teutsch – Die Künstlichkeit der Titelfigur und der verborgene Sinn der Poesie 87

Lauf der Welt und Spiel des Glücks – Zwischen Weltläufigkeit und Weltabkehr 98

Simplicianischer Jan Perus – Ein neues Erzählmodell 106

Die Pikareske – Versuch einer Eingrenzung 112

Literaturhinweise 125

Vorbemerkung

Kaum ein literarisches Phänomen ist so kontrovers diskutiert worden wie die Geschichte der spanischen Pikareske und ihre schillernde Rezeption in Europa: von der tridentinischen Hauspostille als Einübung in die gegenreformatorische Rechtgläubigkeit[1] bis zur Kritik an der nicht eingelösten sozialen Konsequenz dieser Reformen[2], von der Deutung (in der Tradition biblischer Exegese) nach dem mehrfachen Schriftsinn bis zu einer resoluten Abkehr von jenseitigen Versprechungen zugunsten einer pragmatischen Diesseitsgestaltung. Die originale *novela picaresca* war, zumindest im sozialen Impetus, eine genuin spanische Eigenart: eine schmerzliche Auseinandersetzung mit den einschneidenden Veränderungen im öffentlichen und privaten Leben nach dem Sieg der Reconquista Ende des 15. Jahrhunderts, als Folge der von den Katholischen Königen verordneten staatlichen Einheit unter dem Banner der orthodoxen Rechtgläubigkeit.

Diese nationale Besonderheit stieß in der Rezeptionsgeschichte auf Unverständnis oder ganz einfach Unkenntnis, sodass die spanischen Originale weder wort- noch sinngetreu übersetzt wurden, sondern sich auf ihrem mühsamen Weg über die Pyrenäen einer gründlichen Metamorphose bis zur gegenläufigen Sichtweise, die sich mit jeweils nationalspezifischen Traditionen vermischte, unterziehen mussten.

Diese pikareske Folgegeschichte, sozusagen die Aufhebung des ursprünglichen Erzählansatzes, ist genauso interessant wie die Beschäftigung mit den spanischen Archetypen. Sie ist das Ergebnis eines produktiven Missverständnisses, das viel über das narrative Selbstverständnis der einzelnen Nationalliteraturen offenbart.

1 Parker (1967), S. 28 ff.
2 Bataillon (1969) und (1979), passim; Rötzer (1972), S. 63 ff.

In diesem Bändchen versuche ich, den Facettenreichtum der europäischen Pikareske an Einzelfällen aufzuzeigen und den Weg zur sogenannten »Verbürgerlichung«[3] des erzählenden Ich als eine mögliche Vorstufe des modernen Romans seit der Aufklärung zumindest zur Diskussion zu stellen.

Teilweise greife ich dabei auch auf frühere Arbeiten zurück, die ich aktualisiert habe; die Mehrzahl der Beiträge ist aber jüngeren Datums oder hier erstmals veröffentlicht. Bei ihrer Anordnung hatte der Versuch einer europäischen Perspektivenvielfalt den Vorrang vor einer rezeptionsgeschichtlichen Systematik.

---

3 1934 erstmals ausführlich zur Diskussion gestellt von Arnold Hirsch; vgl. Hirsch (1957).

Archetypen der Pikareske

Auf dem Titelkupfer zur Erstausgabe der *Pícara Justina* (1605)[1] segelt das »Schiff des pikaresken Lebens« (*la nave de la vida picaresca*) auf dem »Fluss des Vergessens« (*rio del olvido*). Der Steuermann ist die »Zeit« (*el tiempo*). Auf dem Steuerruder steht: »Ich lenke sie, ohne dass sie es merken« (*llévolos sin sentir*). Im Hintergrund sieht man einen Hafen, an dessen Einfahrt der Tod wartet und den Ankömmlingen den Spiegel der »Ent-Täuschung« (*desengaño*) entgegenhält. Im Mastkorb winkt Bacchus; auf den beiden Segeln sind Abbildungen von Ceres, Cupido und Venus zu erkennen. Am Hauptmast flattert ein Wimpel mit der Aufschrift: »Mich treibt die Lust« (*el gusto me lleva*). Im Schiffsbauch liegt schlafend der »Müßiggang« (*ociosidad*). Auf dem Schiffsdeck sieht man die *Mutter Celestina*, die berühmte Kupplerin aus der Tragikomödie *Calisto y Melibea* (1499) von Fernando de Rojas, die *Pícara Justina* (1605) des Francisco López de Úbeda und den *Pícaro Alfarache*, Titelfigur des *Guzmán de Alfarache* (1599–1604) von Mateo Alemán. In einem Begleitboot, das nur durch ein Tau mit dem Dreimaster verbunden ist, sitzt *Lazarillo*, der Ich-Erzähler des *Lazarillo de Tormes* (1554). Auf dem Paddel ist zu lesen: »Ich folge ihnen« (*síguoles*). Mit im Boot ist der »Stier von Salamanca« (*toro de Salamanca*), dem Lazarillo einige Erkenntnisse zu verdanken hat. Die ganze Szene wird von einer Bilderreihe, u. a. mit Narrenschellen, Spielwürfeln, Spielkarten und Weinbechern umrahmt. Die beigefügten Buchstaben ergeben, hintereinander gelesen: »die Ausrüstung für das pikareske Leben« (*el axuar de la vida picaresca*). Dieses Titelkupfer ist eines von vielen zu dem zentralen zeitgenössischen Thema des *desengaño*, der Entlarvung des ge-

---

1 Abgedruckt in Bjornson (1977), S.68.

sellschaftlichen Scheins, hier explizit auf die *vida picaresca* bezogen. Doch wie dieser Prozess abläuft und welchen Sinn und Nutzen er jeweils für den pikaresken Ich-Erzähler hat, dies lässt sich allerdings erst nach der Lektüre der literarischen Exempel näher charakterisieren.

Auf den ersten Blick fällt auf, dass Lazarillo nicht zur pikaresken Besatzung auf dem Hauptschiff gehört, sondern auf einem kleinen Boot nebenherfährt, »ihnen folgt«, obwohl er ihnen mit der Publikation seiner Lebensgeschichte um etliche Jahrzehnte voraus ist. Es ist auch nicht ganz klar, ob er sich ziehen lässt oder ganz im Gegenteil versucht, mit seinem Paddel die Richtung des Dreimasters etwas zu ändern und in die Geschichte der *novela picaresca* lenkend einzugreifen; denn für die Zeitgenossen müssen einzelne Episoden aus dem *Lazarillo* schon sprichwörtlich gewesen sein, nicht nur die Geschichte mit dem Stier an der Brücke über den Tormes, sondern auch Lazarillos Rache an dem Blinden für den schmerzlichen Stoß gegen die Steinskulptur: »Du hast es doch (sonst) gerochen (*oliste*)«, ruft er ihm beim Abschied zu (und so steht es als Zitat auch auf dem Titelkupfer).

Ähnlich schwankend ist das Urteil in der Fachliteratur; denn die Frage, ob der *Lazarillo de Tormes* der Prototyp der *novela picaresca* sei oder nur ihr Vorläufer, wird bis heute unterschiedlich beantwortet. Einige Forscher meinen, dass die Tradition dieser literarischen Gattung erst mit Alemáns *Guzmán* beginnt; denn der *Guzmán* sei der reine Typus des Pícaro.[2] Der Grund für die unterschiedliche Beurteilung liegt wohl zum Teil daran, dass nach dem Erscheinen des *Lazarillo de Tormes* fast fünfzig Jahre vergangen sind, in denen kein vergleichbares Werk gedruckt wurde. Erst um 1600, im unmittelbaren Gefolge des *Guzmán de Alfarache*, begann eine rege Produktion pikaresker Texte. Der *Buscón* von Francisco de Quevedo, der im

---

2 So Parker (1967), S. 6.

La nave de la vida picaresca – »Schiff des pikaresken Lebens«
Titelkupfer zur Erstausgabe der *Pícara Justina* (1605) von
López de Úbeda

Aufbau deutlich an den *Lazarillo* erinnert, erschien in der endgültigen Buchfassung erst 1626, über zwei Jahrzehnte nach dem Publikumserfolg der *Pícara Justina*; deshalb fehlt er noch auf dem »Schiff des pikaresken Lebens« von 1605.

Konstitutiv für die Erzählstruktur der *novela picaresca* ist der Standort des Erzählers (*punto de vista*), nämlich die Ich-Perspektive.[3] Dies ist nicht nur ein formales Kriterium, es hatte auch Folgen für den Inhalt und die Argumentationsweise; denn der Ich-Erzähler, meist aus armen Verhältnissen und Sohn nicht allzu gut beleumundeter Eltern, berichtet ganz im Unterschied zum höfischen Idealroman »von unten« als Diener vieler Herren (*mozo de muchos amos*) aus seinem Leben, und zwar rückblickend mit der Erfahrung eines Wissenden und Geläuterten.

Die *Celestina* spielt zwar auch im pikaresken Milieu – deshalb fährt sie auf dem »Schiff des pikaresken Lebens« mit –, im Aufbau ist sie aber eher ein Lesedrama, das aus unterschiedlichen Perspektiven informiert und sich nicht mit der subjektiven Argumentation eines Ich-Erzählers zufrieden gibt.[4]

Heute besteht zumindest ein Konsens darüber, dass der *Lazarillo*, der *Guzmán* und der *Buscón* die eigentliche Trias für die Entstehung und die breit gefächerte Geschichte der *novela picaresca* in Spanien und Europa ist.[5] Vielfach wird auch noch die *Pícara Justina* als das weibliche Pendant zum *Lazarillo* und zum *Guzmán* in die Diskussion mit einbezogen.[6]

Kaum ein anderes Erzählmodell hat so nachhaltig die europäische Geschichte des Romans beeinflusst und ver-

---

3 Deshalb hält Rico (1989) den *Lazarillo* für den eigentlichen Archetypus der *novela picaresca*.
4 Fernando de Rojas, *La Celestina*, Madrid 2002.
5 Guillén (1962), S. 252ff.; vgl. auch Bauer (1994), S. 32ff.
6 Stoll (1973), S. 488; Rötzer (1979), S. 30.

ändert wie die originale *novela picaresca*. Ohne diese literarische Vorgabe hätte sich die national-verzweigte Schelmenliteratur nicht so dezidiert zu einem ebenbürtigen Gegenpol des höfischen Barockromans entwickelt.

¶ La vida de Lazarillo de
Tormes, y de sus fortunas: y
aduersidades. Nueuamente impressa,
corregida, y de nueuo añadi:
da en esta segūda im:
pression. ·

Vendense en Alcala de Henares, en
casa d Salzedo Librero. Año
de. M. D. LIIII

La vida de Lazarillo de Tormes
Frontispiz zur Erstausgabe von 1554

Última carta de Lazarillo de Tormes[1] – Stufen einer »literarischen« Interpretation

> *Es wird der Widersprüche über den Sinn des Lazarillo kein Ende haben, bis die Doppeldeutigkeit als ein Stilprinzip, das Zwielicht als ein Zauber und faszinierender Reiz erkannt wird.*
>
> Horst Baader[2]

Wer den *Lazarillo de Tormes* geschrieben hat, weiß man bis heute nicht; man vermutete den Autor aber schon immer im Kreise der spanischen Erasmisten.[3] Mittlerweile füllen die Untersuchungen über Sinn und Ziel dieses pikaresken Archetypus die Bibliotheksregale; sie fallen sehr unterschiedlich aus. Einig ist man sich aber darüber, dass es ein genialer Einfall oder Schachzug des Anonymus war, seine eigene Kritik an den Zuständen in Staat und Kirche hinter einem vermeintlich naiven Ich-Erzähler zu verstecken, sozusagen die ganze Erzählverantwortung (auch vor der inquisitorialen Zensur) auf eine Kunstfigur abzuschie-

---

1 Zuerst in: *Hispanorama* 109, August 2005, S. 45–50 (überarb.).
2 H. B., »Lazarillos Weg zur Eindeutigkeit oder Juan de Luna als Leser und Interpret des anonymen ›Lazarillo de Tormes‹, in: *Interpretation und Vergleich. Festschrift für Walter Pabst*, hrsg. von Eberhard Leube und Ludwig Schrader, Berlin 1972, S. 11–33, hier S. 16f.
3 Neuerdings kommt Rosa Navarro Durán durch Textvergleich zu dem Schluss, dass Alfonso de Valdés (1490–1532) der Autor sei: *Alfonso de Valdés, Autor del Lazarillo de Tormes*, Madrid 2003. Er war Sekretär Karls V., stand im Briefwechsel mit Erasmus von Rotterdam und war seit 1527 das Haupt der erasmischen Reformbewegung in Spanien. Seine Urheberschaft hätte aber auch zur Folge, dass der *Lazarillo* über zwei Jahrzehnte vor der ersten bekannten Edition von 1554 geschrieben worden wäre. Ähnliches gilt auch für die Annahme von Francisco de Calero, dass Juan Luis Vives (1492–1540) der Autor des *Lazarillo* sei: *Juan Luis Vives, autor del »Lazarillo de Tormes«*, Valencia 2006. Vives, mit Erasmus und Thomas Morus befreundet, hatte bereits 1509 Spanien verlassen, um der Inquisition zu entgehen.

ben.⁴ Und genau hier fängt die Geschichte der »literarischen« Interpretationen des *Lazarillo* an: Nicht nur Literaturwissenschaftler haben sich bemüht, hinter die eigentlichen Erzählintentionen zu kommen, sondern auch »Fortsetzer« dieser Lebensgeschichte. In einer der drei fast gleichzeitigen Editionen des Originals deutet Lázaro selbst eine Fortsetzung an;⁵ die haben allerdings andere übernommen.

1. *La vida de Lazarillo de Tormes, y de sus fortunas y adversidades* (1554)⁶

Der *Lazarillo* ist in Briefform geschrieben. Im Vorwort erfährt man, dass eine nicht näher bekannte adlige Person,⁷ *Vuestra Merced*, Lázaro gebeten hat, ihm über den »Fall« zu berichten. Der Fall, so erfährt der Leser am Ende der Geschichte, ist ein stadtbekannter Skandal in Toledo: Lázaro ist mit der Geliebten des Erzpriesters verheiratet; er weigert sich aber bis zur Selbstaufgabe, das ehebrecherische Verhältnis seiner Frau wahrhaben zu wollen. Er glaubt, der adligen Person nicht einfach einen Bericht über den »Fall« geben zu dürfen; er will seine ganze Lebensgeschichte berichten, um zu beweisen, dass sich sein gegenwärtiges Verhalten aus seinen bisherigen Lebenserfahrungen notwendig ergeben habe. In sieben

---

4 "Ausführlich Rötzer (1972), S. 1–27.
5 *De lo que de aqui adelante me sucediere, avisaré a Vuestra Merced.* – Nur in der Ausgabe von Alcalá. Die anderen Ausgaben (Burgos und Antwerpen) enden mit dem Satz, dass sich Lázaro auf dem Gipfel seines Glücks befunden habe.
6 Im Folgenden zitiert nach: *Lazarillo de Tormes*, hrsg. von Francisco Rico, Madrid 2003; dt.: Baader (1964), Bd. 1, S. 7–64.
7 Die meisten Interpreten gehen wie selbstverständlich davon aus, dass es ein adliger Herr sein müsse. Rosa Navarro Durán (s. Anm. 3) meint, die Anrede beziehe sich auf eine adlige Dame; dies erhöhe den satirisch-komischen Charakter der Erzählung (S. 192).

Kapiteln rollt er deshalb seine Lebensgeschichte auf. Der Vater war ein betrügerischer Müller; er wurde des Landes verwiesen. Die Mutter wurde bestraft, weil sie nach der Verbannung des Vaters ein Verhältnis mit einem Afrikaner begonnen hatte, der aber die Familie – zu ihr gehörte bald auch ein Halbbrüderchen – fürsorglich mit seinen kleinen Diebeszügen versorgte. Lázaros Herkunft ist mit Makel behaftet; allerdings wird dies in dem Rechtfertigungsschreiben mehr angedeutet als offen ausgesprochen. Aus Not tritt Lazarillo in fremde Dienste; er dient nacheinander mehreren Herren. Die Auswahl der Dienstherren ist nicht willkürlich und sie könnte auch nicht ohne Weiteres im Sinne einer additiven Reihung erweitert oder verkürzt werden. Die Auswahl hat System und Struktur. Bei den ersten drei Herren – einem blinden Bettler, einem geizigen Pfarrer und einem verarmten Edelmann – tritt Lazarillo als ein Erleidender auf; er sieht keine Chance, auch nur seine elementarsten Bedürfnisse zu befriedigen. Schamloses Ausnutzen religiöser Gutgläubigkeit, klerikaler Amtsmissbrauch und der Kampf um ständische Privilegien und Ämter beherrschen die Szene. Das heißt, die einzelnen Episoden, die zum Teil aus der Schwanktradition kommen,[8] weisen über sich hinaus; sie stehen in einem argumentativen Kontext. Bei den nächsten Herren – einem sehr weltlich gesinnten Mercedarier-Mönch, einem betrügerischen Ablasskrämer, einem Tamburinmaler, einem geschäftstüchtigen Kaplan und einem Gerichtsbüttel – erfährt Lazarillo allmählich, welche Vorteile es in der Gesellschaft bringt, über ein Privileg zu verfügen, ein Amt zu verwalten oder eine Pfründe zu besitzen. Daraus zieht er den für ihn allein möglichen Schluss: es den andern gleichzutun und auch nach einem Amt zu streben. Es gelingt ihm schließlich, ein »königliches« Amt zu übernehmen; denn nur so könne man zu

---

8 Ausführlich referiert bei Rico (Ausg. 2003, s. Anm. 6), S. 45*ff.

etwas kommen.⁹ Zwar ist die Stelle eines städtischen Ausrufers auf der untersten Stufe der sozialen Skala angesiedelt, aber er kann sich von nun an als Mitglied der Gesellschaft betrachten, besonders auch, weil der Erzpriester von Toledo, dessen Magd er geheiratet hat, zu seinen wichtigsten Gönnern gehört. So schließt sich die Argumentationskette, die Lázaro dem adligen Briefschreiber vorführen wollte; sein gegenwärtiges Verhalten ist das zwangsläufige Ergebnis seiner Erfahrungen: Als Protegé des einflussreichen Erzpriesters muss er die Schande des Gehörnten auf sich nehmen; denn nur wenn er das Dreiecksverhältnis duldet, bleibt ihm das Amt auch sicher. Deshalb widerspricht er mit letzter Anstrengung den Gerüchten über seine Frau: »Sie ist das auf der Welt, was ich am meisten liebe, und ich liebe sie mehr als mich selbst.«¹⁰ Lázaro will ganz einfach nicht mehr aus dem sozialen Netz herausfallen.¹¹ Er ist nicht naiv; er durchschaut die Spielregeln der korrupten Ordnung. Nur um den Preis der äußerlichen Selbstaufgabe erwirbt er eine relative ökonomische Sicherheit. Was Lázaro selbst nicht verbalisiert, da ihn das Eingeständnis seiner realen Situation in seiner Existenz vernichten würde, spricht der Erzpriester ohne Umschweife aus; er solle sich nicht um das Gerede kümmern, sondern an seinen Vorteil denken.¹² Er, dessen Herkunft dunkle Punkte hat, muss schweigen.

Hinter dieser individuellen Rechtfertigungsgeschichte verbirgt sich aber noch ein anderer Argumentationsstrang: Weitaus die Mehrzahl von Lazarillos Dienstherren gehört dem geistlichen Stand an. Sie verkörpern ausnahmslos die

---

9 ... *un oficio real, viendo que no hay nadie que medre, sino los que le tienen* (S. 128).
10 ... *que es la cosa del mundo que yo más quiero y la amo más que a mí* (S. 134).
11 ... *yo determiné de arrimarme a los buenos* (S 133).
12 ... *no mires a lo que pueden decir, sino a lo que te toca: digo a tu provecho* (S. 133).

Fehler eines veräußerlichten Christentums, gegen das die Erasmisten sich wehrten.[13] Nicht Lazarillo ist der »Delinquent«, sondern seine Dienstherren. Aber er lässt sich an keiner Stelle zu einem Urteil verleiten. Er argumentiert scheinbar affirmativ – dies ist sein raffiniertes Versteckspiel – in den Denkkategorien seiner Umwelt, denn er will seine Existenznische retten. Deshalb versichert er in seinem Antwortschreiben, allerdings bereits aus einer Vergangenheitsperspektive, die einiges ahnen lässt: Damals als Kaiser Karl nach Toledo kam und den Ständetag hielt, »war ich in meiner besten wirtschaftlichen Situation und auf dem Gipfel all meiner Fortune.«[14]

2. *La segunda parte de Lazarillo de Tormes y de sus fortunas y adversidades* (1555)

Mit dem Schlusssatz aus dem ersten Teil, dass Fortuna es mit Lázaro damals (noch) gut gemeint habe, beginnt die erste Fortsetzung des *Lazarillo*. Sie erschien bereits 1555 anonym in Antwerpen, nur ein Jahr nach der Veröffentlichung des Originals, in einer gemeinsamen Ausgabe.[15] Dies mag auch ein Grund sein, warum sie nicht die kompositorische Geschlossenheit des Originals hat. Sie ist wahrscheinlich eine Auftragsarbeit des Verlegers, der die günstige Gelegenheit für eine einträgliche Fortsetzung nutzen und dem kleinen Büchlein ein stattlicheres Volumen geben wollte. Aber nicht nur der Hinweis auf Fortuna, sondern auch die zeitliche Festsetzung auf den Besuch

---

13 Bataillon (1979), passim.
14 *Pues en este tiempo estaba en mi prosperidad y en la cumbre de toda buena fortuna* (S. 135).
15 Diese Fortsetzung von 1555 und auch die weitere von 1620 ist, mit einer umfangreichen Einführung, neu herausgegeben worden von Pedro M. Piñero: *Segunda Parte del Lazarillo*, Madrid 1988. Nach dieser Ausgabe zitiere ich im Folgenden.

Karls V. mit seinen deutschen Söldnern in Toledo im 1. Kapitel der Fortsetzung, d. h. die Wiederaufnahme oder Fortführung des originalen Kontextes, weckte den Anschein, dass beide Teile aus der Feder ein und desselben Autors stammen könnten. Deshalb wurde dieses erste Fortsetzungskapitel auch in vielen späteren Editionen als achtes Kapitel an das Original angehängt: Es erzählt von Lázaros einträglichen Geschäften mit den trinkfesten Deutschen.

Bestimmend für den weiteren Erzählverlauf dieser ersten Fortsetzung wurde aber die zweite Referenz auf das Original, nämlich das mittelalterlich-allegorische Bild der Fortuna: Das Rad der Fortuna dreht sich für jeden; so auch für Lázaro. Damit wurde die weltimmanente, sozialkritische Interpretation eines Einzelschicksals, wie sie das Original kannte, zugunsten eines allegorischen Allerweltsmusters aufgegeben. Mit dem Entschluss, sich für die Kriegsflotte gegen Algier anwerben zu lassen – den auch seine Frau unterstützte, weil sie sich »wieder mehr um den Erzpriester kümmern wollte«[16] –, drehte sich das Rad der Fortuna nach unten: Die (historische) Expedition von 1541 endet in einem Desaster; der schiffbrüchige Lázaro überlebt jedoch auf wundersame Weise. Er verwandelt sich in einen Fisch und kommt in das Reich der Thunfische, unter denen er für einige Jahre lebt. Der Aufenthalt in diesem submarinen Imperium umfasst den Hauptteil der Fortsetzung, vierzehn von insgesamt achtzehn Kapiteln; es ist ein leicht durchschaubares Abbild der sozialen Oberwelt.

Im Original von 1554 erfuhr Lazarillo, noch am Anfang seiner »Karriere« als Diener vieler Herren, nur durch den verarmten Edelmann, wie es am Hofe, in den oberen Schichten zugehe; denn der Anonymus hielt sich strikt im Sinne der narrativen Wahrscheinlichkeit der klassischen

---

16 ... *con gana de volverse con mi señor el Arcipreste* (S. 131).

Poetiken an den individuellen Erfahrungshorizont seines Ich-Erzählers. Diese Lücke in der Biographie des Lázaro als eines durch seine Vita glaubwürdigen und repräsentativen Gesellschaftskritikers wird in der Fortsetzung durch eine Tiermetamorphose ausgefüllt, wie sie, in der Nachfolge antiker Vorbilder,[17] seit der Renaissance und bei den Humanisten sehr beliebt war. Die Forderung nach einem wirklichkeitsgemäßen Erzählrahmen wurde durch den allegorischen Charakter der Erzählsequenz entkräftet, aber dadurch war sie nicht weniger wahr, denn die bewusst übertreibende Darstellung in der satirischen Verfremdung durch die Metamorphose in ein »Anderswo« war in ihrer kritischen Aussage auch eine Art von »Realismus«.

Die Fortsetzung von 1555 ist in der Kritik nicht immer gut davongekommen.[18] Es stimmt: Der ursprüngliche Erzählrahmen einer lebensgeschichtlichen Rechtfertigung fehlt. Die Briefform ist nur noch äußerlich gewahrt. Die Episoden reihen sich im Auf und Ab des Fortuna-Rades. Aber: Sie behält die Intention des Originals bei. Und dies mehrfach. Zum einen erweitert sie – wenn auch nur über das Medium einer allegorischen Metamorphose – das Spektrum der Gesellschaftskritik »nach oben«. Zum anderen führt sie die »Verhüllungsstrategie« über den stadtbekannten Skandal fort, wenn auch mit weniger Nachdruck: Bevor Lázaro in das algerische Abenteuer aufbricht, lässt er sich von seiner Frau wortreich die Zweifel ausräumen, dass die jüngst geborene Tochter vielleicht nicht sein Kind sei.[19] Als er allerdings nach seiner Rückverwandlung in einen Menschen nach Toledo zurückkehrt, kann er das Ver-

---

17 Lucius Apuleius (um 125 – 180 n. Chr.), *Metamorphosen (Verwandlungen)*, auch als *Der goldene Esel* bekannt (lat.; Verwandlung eines Menschen in einen Esel; in dieser Gestalt erfährt er als Diener vieler Herren einiges über den Zustand der Welt). – Lukian von Samosata (um 120 – Ende 2. Jh.), *Wahre Geschichten* (griech.; Lügengeschichten über fantastische Reisen und Abenteuer).
18 Einzelheiten bei Piñero (Ausg. 1988, s. Anm. 15), S. 19 ff.
19 Ebd., 1. Kap., S. 129.

hältnis seiner Frau mit dem Erzpriester auch dem Briefadressaten nicht mehr verheimlichen; Lázaro resigniert. Es bleibt als einzige Entschuldigung – wenn auch nur vorgeschoben –, dass seine Frau, nach den Berichten der anderen Teilnehmer an dem algerischen Abenteuer, glauben konnte, Witwe zu sein. Darüber war sie aber offensichtlich nicht allzu traurig, und Lázaro bringt die Einforderung seiner matrimonialen Rechte zunächst nur Ärger mit der städtischen Justiz ein.[20] Eine gewisse, sicherlich auch zeitbedingte Misogynie ist in dem Text nicht zu überlesen, obwohl der eigentliche Übeltäter der Erzpriester[21] bleibt; denn Lázaros Frau steht in dessen Abhängigkeit, die Ehe mit Lázaro war nur eine vorsorgliche Schutzmaßnahme gegenüber dem öffentlichen Gerede. Doch gegen Ende glätten sich die Wogen, und Lázaro kann nach Hause zurückkehren, zu seinem »guten Leben«,[22] so als wäre nichts geschehen.

Damit könnte die Geschichte eigentlich zu Ende sein; das Rad der Fortuna hat sich für Lázaro wieder nach oben gedreht, und seine kritische Panorama-Reise durch die Gesellschaft war durch den allegorischen Ausflug in das Reich der Thunfische um Wichtiges ergänzt worden. Deshalb kann man das 18. Kapitel, das Schlusskapitel, nur als einen schwankhaften Nachtrag zur Gesellschaftssatire ansehen; denn bislang fehlte noch die Zunft der Gelehrten, die gerade in den Satiren der Humanisten, die über die traditionelle Scholastik spotteten, einen festen Platz hatte: Lázaro findet es zu Hause in Toledo auf die Dauer etwas langweilig und entschließt sich zu einem Besuch seiner Heimatstadt Salamanca. Dort stellt er sich mit seiner un-

---

20 Ebd., 17. Kap., S. 240 ff.
21 Über fünfzig Jahre später in Quijotes Erzählung *La ilustre fregona* (1613) heißt es über die Magd in dem Toledaner Gasthof: *es joya para un arcipreste o para un conde*. Offenbar war der liebestolle Erzpriester von Toledo eine sprichwörtliche Figur gewesen oder geworden.
22 Piñero (Ausg. 1988, s. Anm. 15), 17. Kap., S. 247.

verbildeten Schlauheit erfolgreich den scholastischen Spitzfindigkeiten der Professoren. Die Szene ist aus dem *Till Eulenspiegel* übernommen, der damals schon in einer holländischen Übersetzung vorlag.[23]

3. Juan López de Velasco, *Lazarillo de Tormes castigado* (1573)

1558 verordnete Philipp II., dass in Spanien nur noch Bücher gedruckt werden dürften, für die vorher die Genehmigung bei der staatlichen Zensur eingeholt worden sei. Als Grund nannte er, dass auch in Spanien viele Bücher auf dem Markt seien, die dem katholischen Glauben schaden. Während der Staat eine generelle Vorzensur durchführte, beschränkte sich die Inquisition ausschließlich auf die Repressivzensur; sie gab Indices über Bücher heraus, die vom Markt genommen werden mussten.[24] 1559 wurde der originale *Lazarillo* mitsamt der Antwerpener Fortsetzung indiziert. Doch diese Maßnahme kam einige Jahre zu spät. Das Buch hatte bereits in den ersten zwei Jahren fünf Auflagen erlebt; es war nicht mehr aus dem Handel zu ziehen. Zudem wurde es außerhalb Spaniens weiter in der Originalfassung gedruckt. Deshalb einigten sich staatliche und inquisitoriale Zensur auf einen Kompromiss. 1573 brachte Juan López de Velasco eine purgierte und gekürzte Ausgabe des ersten Teils heraus. Dieser sogenannte *Lazarillo de Tormes castigado*,[25] nach dem damaligen Wortsinn ein »*verbesserter*« *Lazarillo*, blieb bis ins 19. Jahrhundert in Spanien die offizielle Fassung.

Im Vorwort von 1573 wird der *Lazarillo* zwar wegen seiner lebendigen, geistreichen und liebenswürdigen Schil-

---

23 Rötzer (1972), S. 156, Anm. 102.
24 Antonio Rumeu de Armas, *Historia de la censura literaria gubernativa en España*, Madrid 1940, S. 17 f.
25 Madrid: Pierres Cosin, 1573.

derungen gelobt; man habe aber trotzdem einige anstößige Stellen verbessern müssen. In Wirklichkeit beschränkte sich der Eingriff nicht nur auf einige wenige Stellen. Ersatzlos gestrichen wurden das 4. Kapitel mit dem Mercedarier-Mönch, der lieber fremden Röcken nachlief, als sich dem Chorgebet zu widmen, und das 5. Kapitel mit dem betrügerischen Ablasskrämer. Die anderen Streichungen variieren etwas nach den einzelnen Editionen; sie beziehen sich vor allem auf Lazarillos Urteil über den geizigen Pfarrer und auf die Klagen des Edelmanns über die Palastsitten. Es scheint, dass die staatliche Zensur zunächst schärfer durchgegriffen hat als die kirchliche; denn die Fortsetzung von 1555, in dem der Klerus nicht einmal erwähnt wurde, blieb wegen der satirischen Angriffe auf den Hof für lange Zeit verboten. Dagegen wurden weder die Geschichte des geschäftstüchtigen Kaplans noch das Kapitel über den ehebrecherischen Erzpriester grundlegend geändert. Man könnte einwenden, dass dann ja auch nicht mehr viel übrig geblieben wäre. Es könnte aber auch sein, dass nur dort »verbessernd« in den Text eingegriffen oder ganze Kapitel gestrichen wurden, wo die Kritik sich nicht auf individuelle Schwächen, z. B. den Geiz des Dorfpfarrers, bezog, sondern das System insgesamt attackierte. Doch dies ist nur eine Vermutung. Wenn man die latenten Invektiven des originalen *Lazarillo* schon nicht unterbinden konnte, dann wollte man sie zumindest entschärfen. Auch dies war eine »literarische« Interpretation.

4. Juan de Luna, *Secunda parte de la vida de Lazarillo de Tormes. Sacada de las crónicas antiguas de Toledo* (1620)

Als 1620 ein weiterer »literarischer« Interpretationsversuch des *Lazarillo* erschien, hatte sich die *novela picaresca* schon längst als Erzählgenre etabliert. Juan de Luna veröffentlichte seine Version außerhalb Spaniens in Paris.[26] Er war ein emigrierter Protestant, der sich seinen Lebensunterhalt als Sprachlehrer verdiente.[27] Er musste weder auf die kirchliche Inquisition noch auf die staatliche Zensur in Spanien Rücksicht nehmen. Deshalb konnte er die taktische Ambivalenz des wohlweislich anonymen Originals von 1554 zur Eindeutigkeit führen und Klartext reden. In seiner »Abrechnung« rekurrierte Juan de Luna aber nicht nur auf das Original, sondern auch auf die Fortsetzung von 1555, die ja bereits Aufweichungen in Lazarillos Schutzbehauptungen gegenüber dem »Fall« andeutete. In Juan de Lunas Version wurde der »Fall«, 1554 noch wortreich abgewehrt, nun wirklich zum Skandalon. Dies hatte aber auch Folgen für den Erzählduktus insgesamt. Da das Versteckspiel vor einer »Vuestra Merced« keinen Sinn mehr ergab – denn es hätte ja die Enthüllung der Wahrheit verhindert –, wechselt de Luna vom Briefadressaten zum »freundlichen« oder »gewogenen« Leser[28]. Und ganz im Stile von Cervantes bricht er seine Erzählverantwortung mehrfach. Er sei nicht der Autor dieses Opus, sondern nur der Herausgeber jener Chronik, die der Verfasser der Fortsetzung von 1555 nicht richtig wiedergegeben habe; an der Art der Einleitung ist aber sofort zu bemerken, dass es sich um ein satirisches Alibi handelt.[29] Es geht *re vera* um »Lazarillos Weg zur Eindeutigkeit«.[30]

Juan de Lunas zweiter Teil erschien zusammen mit dem

---

26 Paris: Rolet Boutonné, 1620.
27 Weitere Einzelheiten im Vorwort von Pedro M. Piñero (Ausg. 1988, s. Anm. 15), S. 67 ff. Nach dieser Ausgabe zitiere ich im Folgenden auch den Text von 1620.
28 S. 266: *amigo lector*; S. 297: *benigno lector*.
29 S. 266 ff.: *A los lectores*.
30 So der Titel der Interpretation von Horst Baader, »Lazarillos Weg zur Eindeutigkeit oder Juan de Luna als Leser und Interpret des anonymen ›Lazarillo de Tormes‹«, in: *Interpretation und Vergleich. Festschrift für Walter Pabst*, hrsg. von Eberhard Leube und Ludwig Schrader, Berlin 1972, S. 11–33. – Judith A. Whitenack, »Juan de Luna's *Lazarillo*: Continuation or Subversion«, in: *Philological Quarterly* 67 (1988) S. 177–194; hier S. 187.

Text von 1554, einschließlich des Kapitels über die trinkfreudigen deutschen Söldner aus der Fortsetzung von 1555. Dies ist aber nicht die einzige Anlehnung an seinen anonymen Fortsetzungsvorgänger: Bis zur entscheidenden Wiederbegegnung, nach Lazarillos submarinem Abenteuer, mit dem Erzpriester und mit seiner Frau übernimmt de Luna im Großen und Ganzen den vorgegebenen Erzählverlauf. Aber er hat seine Einwände: Er möchte Lázaros maritime Wundergeschichten in den Bereich des Wahrscheinlichen zurückholen. Er richtet zwar seine Fortsetzungsversion bis zum 8. Kapitel, bis zur Rückkehr nach Toledo, an den Vorgaben von 1555 aus, aber er versucht darzustellen, warum die Fischer, die Lázaro aus dem Meer gezogen hatten, ihn als Meeresmonster auf den Jahrmärkten vorzeigen konnten. Dass sie dazu die Lizenz der Inquisition einholen konnten, ist eine andere Seite der Invektiven des Autors.

Entscheidend auf dieser Jahrmarkts-Tournee ist der Zwischenstopp in Toledo; denn hier trifft Lázaro örtlich wie zeitlich auf seine eigene Vergangenheit; sie holt ihn ein. Unter den Zuschauern auf dem Jahrmarktsrummel befindet sich auch seine Frau; sie ist schwanger, obwohl Lázaro mehr als ein Jahr fort war. Er hört, wie die Leute über die »Erzpriesterin« tuscheln, dass der Erzpriester sie geschwängert habe und dass für sie schon ein neuer Ehegatte, genauso trottelig und geduldig wie einst Lázaro, ausgesucht sei: »Das war das Letzte, das *non plus ultra* für meine Geduld.«[31] Er fällt in Ohnmacht, und die Fischer möchten sich gerne seiner entledigen. Als der Schwindel mit der erfundenen Geschichte der Fischer vom angeblichen »Meeresmenschen« auffliegt und Lázaro wieder ein freier Mann ist, möchte er auch seine Identität zurückgewinnen; seine Frau und auch der Erzpriester sollen ihn identifizieren. Seine Frau weigert sich, und der Erzpriester

---

31 *Éste fue el toque y non plus ultra de mi paciencia* (S. 306).

gibt erst nach, als Lázaro mit peinlichen Details beginnt. Mit seinem Anteil aus dem konfiszierten Geld der Fischer will Lázaro ein neues Leben beginnen. Vielleicht zeige sich seine Frau reumütig; zumindest möchte er aber seine Tochter gut verheiraten: »Gebt mir meine Tochter, und wir können Freunde bleiben wie vorher.«[32] Nun folgt der zweite Schlag; nicht einmal die Tochter ist von ihm: »Ich fiel von meinem Esel, auf dem ich bisher geritten war.«[33] Jetzt hindert Lázaro nichts mehr; er strengt einen Prozess wegen Ehebruch an, die beiden werden sogar noch in flagranti ertappt: Aber alles nützt nichts; er verliert, auch mit Hilfe falscher Zeugen, den Prozess und wird für immer der Stadt verwiesen. Er muss erkennen, dass »ein Prozess gegen eine Autorität der heiligen Kirche von Toledo nur Sache eines Fürsten« sein kann.[34]

Juan de Luna hat auf seinem Weg zur interpretatorischen Eindeutigkeit seinen Lázaro genau das tun lassen, was der Lázaro des Originals, um sein städtisches Amt nicht zu verlieren, auf jeden Fall verhindern wollte. Auch de Luna spricht immer wieder vom Rad der Fortuna; aber dieser Vergleich meint ausschließlich den Mechanismus einer korrupten Gesellschaft. Nach dem Prozess und aus dem Paradies vertrieben, besitzt Lázaro nur noch seine nackte Existenz: »Nackt bin ich geboren, nackt bin ich auch jetzt. Ich verliere nichts, ich gewinne nichts«.[35] Diese resignierende Einsicht bestimmt in den restlichen Kapiteln seine Überlebensversuche als *mozo de muchos amos*. In dieser Funktion wird er selbst für den Leser fast uninteressant; viel wichtiger sind die Gestalten, denen er begegnet und von denen er immer aufs Neue betrogen wird. Am Ende wartet Lázaro – welch sarkastische Ironie! – in einer

---

32 ... *denme a mi hija, y tan amigos como antes* (S. 312).
33 *Caí de mi asno, en que hasta entonces había estado a caballo* (S. 313).
34 ... *pleiteando contra una dignidad de la santa iglesia de Toledo, empresa sólo para un príncipe* (S. 319).
35 ... *desnudo nací, desnudo me hallo, ni pierdo ni gano* (S. 320).

Kirche auf den Tod, der ihn von dieser Welt erlösen soll. Die Kritik, die satirisch überzogene Eindeutigkeit gilt vor allem der Inquisition und den Zuständen im Klerus. Juan de Luna mag seine persönlichen Gründe gehabt haben, so radikal destruktiv mit der spanischen Orthodoxie abzurechnen; es ist aber wichtig hervorzuheben, dass er für seine Invektive nur Ansätze[36] weitergeführt hat, die bereits im *Lazarillo* von 1554 angelegt waren: Er hat sie »wörtlich« genommen.

5. Juan Luis Fuentes Labrador, *Última carta de Lazarillo de Tormes* (2003)

»Eines Tages wird die Welt den zweiten Teil meiner wahren Geschichte, die den ersten Teil erklärt und vervollständigt, kennenlernen.« So beginnt *Der letzte Brief des Lazarillo de Tormes* von Juan Luis Fuentes Labrador.[37] Dieser »letzte Brief« ist Lázaros Testament. Er liegt in einer verschlossenen Truhe und soll erst nach seinem Tode geöffnet und im Ausland, fern vom Zugriff der heiligen Inquisition, veröffentlicht werden. In diesem intimen Tagebuch dokumentiert Lázaro für die Nachwelt seine wirklichen Gedanken und was er *Vuestra Merced* alles aus guten Gründen verschwiegen habe. In den »Geheimpapieren« lässt er seine taktische Naivität fallen; der letzte Brief ist sozusagen die Dechiffrierung des ersten Briefes von 1554. Der künftige Leser soll erfahren, dass er, Lazaro, die gesellschaftlichen Mechanismen vor allem dank der desillusionierenden Lehren des Blinden[38] schon sehr früh

---

36 Dies gilt auch für die Gestalt des Edelmanns, dem er auf seinem Weg zur Armada (S. 275) nochmals begegnet. Er entpuppt sich als ein übler Ganove, dessen Lob auf die Ehre nur scheinheilige Lippenbekenntnisse waren.
37 *Algún día habrá de conocer el mundo la segunda parte de mi verdadera historia, que ilumine y complete la primera*, Salamanca 2003.
38 S. 36 ff. sind weitere Gespräche mit dem Blinden eingefügt.

durchschaut und sich danach entsprechend klug verhalten habe.

Die Zettelsammlung in der Truhe besteht aus zwei Teilen. Der erste Teil ist ein Eigenkommentar zu Lázaros veröffentlichter Geschichte, die nachträgliche Erhellung der bekannten Ereignisse; er ist bereits geschrieben und liegt in der Truhe. Der zweite Teil beginnt in der fiktionalen Erzählgegenwart; Lázaro führt seine Geschichte fort, so wie er es in der Ausgabe von Alcalá versprochen hatte, und erzählt sie von Tag zu Tag auf einzelnen Zetteln weiter.

Das Kernstück des ersten Zettelkastens ist die Rechtfertigung, warum er aus elementarem Existenzzwang und nicht einfach aus reiner Opportunität auf die Machenschaften des Erzpriesters eingehen musste. Seine gegenwärtige Situation, die er in seiner veröffentlichten Lebensgeschichte den »Gipfel seines Glücks« nannte und die noch fortdauere, sei zwar ein Wohlstand ohne Ehre, aber sie biete soziale Sicherheit. Deshalb spiele er vor seiner Frau und dem Erzpriester auch weiterhin den Unwissenden: denn sein Ansehen in der Stadt hänge vom Wohlwollen seines einflussreichen Herrn ab; ohne ihn wäre er ein Nichts (S. 14 ff.). Genau dies hatte er aber zu seinem eigenen Schutz in dem Rechtfertigungsbrief an *Vuestra Merced* verschwiegen. Was es bedeute, auf einen mächtigen Gönner angewiesen zu sein, erläutert er auch nochmals an der Geschichte seiner Mutter; ihre Not, ihr verzweifelter Kampf ums nackte Überleben, war ihm belehrende Warnung, und deshalb sei er froh, dass er in Toledo seine pikareske Wanderschaft habe glücklich beenden können (S. 18 ff.). Lázaros Rückblick auf seine Zeit als *mozo de muchos amos* ist mit heftigen Angriffen gegen die »Heilige Mutter Kirche« und ihre unwürdigen Diener verbunden; was im ersten Brief hinter vermeintlicher Naivität ironisch versteckt wurde, spricht Lázaro in seinem Testament nun offen aus. Und dabei geht es nicht mehr um einzelne Verfehlungen, das klerikale System selbst wird angegriffen, noch schärfer als in der Fortsetzung Juan de Lunas.

Den Übergang zum zweiten Teil, zur narrativen Jetztzeit, bildet Lázaros wiederholte Versicherung, dass er trotzdem mit seiner gegenwärtigen Situation zufrieden sei und aus bitterer Erfahrung die Bedingungen seines relativen Wohlstands akzeptiere. Von Tag zu Tag ergänzt er seine Einträge und versteckt sie in der Truhe. Ein neues Moment tritt auf: Seit Tagen beunruhigt ihn der Zustand seiner Frau. Sie ist schwanger, aber nicht von ihm; denn Lázaro ist wegen einer früheren Erkrankung am »französischen Übel« nicht mehr zeugungsfähig (S. 26f.). Davon weiß aber seine Frau nichts, und er lässt sie in dem Glauben, dass auch er bei den wechselvollen Kopulationen beim Erzpriester und zu Hause als Vater in Frage kommen könnte. Trotzdem scheint er dieses Mal aufdas erneute Gehörntsein anders als bisher zu reagieren. Über mehrere Andeutungen wird schließlich klar, dass er den Erzpriester aus der Welt schaffen will. Und dies gelingt ihm auch nach manchen Hindernissen. Das Vorgehen ist so raffiniert angelegt, dass niemand auf den Verdacht kommt, Lázaro selbst könne der Mörder sein. Aber die vorbereitenden Umstände zur Vergiftung des Erzpriesters verursachen auch den Tod der Frau im Kindbett. So reflektiert Lázaro, dass ihn das »feindliche Schicksal« (S. 70) wieder eingeholt habe; denn sein Plan war, befreit von der Rücksicht gegenüber dem Erzpriester, mit seiner Frau in Frieden leben zu können.

Am Schluss, bevor er alles in Toledo aufgibt, um in seine Heimatstadt Salamanca zurückzukehren,[39] versucht er, in Anlehnung an den *Guzmán,* seine »Generalbeichte« abzulegen. Er bricht sie aber mitten in der vorbereitenden Gewissenserforschung ab: »ich habe keine Reue«.[40] Nur

---

39 Ähnlich dem Schluss in der Fortsetzung von 1555.
40 ... *no tengo arrepentimiento* (S. 72ff.).

Gott selbst könne über ihn urteilen und warum er so gehandelt habe; er sei, so wird es zwar nicht wörtlich gesagt, schließlich ein Produkt der gesellschaftlichen Umstände.

Juan Luis Fuentes Labrador hat als bisher letzter Teilnehmer an diesem Spiel einer »literarischen« Interpretation Lázaros Geheimfach geöffnet. Diese »Enthüllungen« können natürlich nicht originaler Natur oder Provenienz sein; sie sind sicherlich mit dem Wissen um frühere Fortsetzungen eingefärbt,[41] und auch Details aus den wissenschaftlichen Recherchen haben wichtige Erzählansätze zumindest angeregt. Es zeigt sich aber im historischen Bogen dieser »literarischen« Interpretationen, dass von Anfang an eine zeitaktuelle Gesellschaftskritik und eine entschiedene Auseinandersetzung mit der spanischen Amtskirche vor und nach dem Tridentinum wesentliche Bestandteile der Pikareske waren; sie war keineswegs eine Sequenz von überlieferten Schwänken, die um eine Person gruppiert wurden. Sonst hätte die *Suprema*[42] ja auch keinen Grund gehabt, den Archetypus der Pikareske zu »verbessern«.[43]

---

[41] Der Autor, Jahrgang 1944, lebt in Salamanca; er ist Schriftsteller und Institutsprofessor für spanische Literatur.
[42] *Consejo de la Suprema*, von 1482 an in Kastilien und León die oberste Inquisitionsbehörde; bald auch mit Rechtsgewalt über ganz Spanien.
[43] Es sei nochmals darauf hingewiesen, dass *castigar* damals im Sinne von *enmendar* ›verbessern‹ verwendet wurde.

Subversive Affirmation[1] – Das Los der jüdischen Konvertiten (*conversos*) als zentrales Thema der *novela picaresca*

Américo Castro[2] war meines Erachtens der Erste, der eine mögliche Verbindung zwischen der *novela picaresca* und dem historischen Umbruch von der Drei-Klassen-Gesellschaft (Araber, Juden, Christen) zum orthodoxen Einheitsstaat im Spanien des 16. und 17. Jahrhunderts sah. Nach anfänglichen Vorbehalten ist es heute unbestritten,[3] dass die Konflikte zwischen jüdischen Neuchristen (*cristianos nuevos*) und orthodoxen Altchristen (*cristianos viejos*) vom *Lazarillo* bis zum *Buscón* die thematische Substanz der pikaresken Autobiographien sind – und dass auch die Struktur dieser Werke durch die Art, wie die Auseinandersetzung allein auf der Ebene der literarischen Fiktion geführt werden konnte, geprägt ist.[4]

Zum besseren Verständnis des literatursoziologischen Kontextes sei kurz auf die historische Situation eingegangen: Vor dem endgültigen Sieg der Katholischen Könige über die Mauren im Jahre 1492 lebten in den Gebieten, die während der Jahrhunderte der Reconquista zurückgewonnen wurden, drei rassisch und konfessionell unterschiedliche Gruppen in relativ stabiler Eintracht – und zwar aufgrund einer traditionellen Arbeitsteilung. »Die Christen«, so beschrieb es Castro, »herrschten und kämpften, die Mauren unter ihrer Herrschaft bauten Burgen und Häuser, die Juden verwalteten die Finanzen und machten alles

---

1 Zuerst in: *Hispanorama* 101 (2003) S. 39–48 (erw.).
2 *La realidad histórica de España*, México 1954; *De la edad conflictiva*, Madrid ²1963; *Hacia Cervantes*, Madrid ²1960.
3 Ein entschiedener Gegner der »kritischen« *converso*-Theorie war Parker (1967 und 1971). Zustimmung fand Américo Castro in den späteren Arbeiten von Marcel Bataillon (1969).
4 Vgl. dazu besonders Stoll (1973).

Übrige«.⁵ Die Mauren bildeten das Gros der Handwerker und Landarbeiter; die Juden führten die Geld- und Handelsgeschäfte, teils in eigener Regie, teils im Auftrag der christlichen Führungsschicht, der solche Geschäfte verboten waren, und übten den Beruf eines Rechtsanwalts oder Arztes aus. Dieses System änderte sich plötzlich im Zuge der Vertreibung oder Zwangskonversion der nichtchristlichen Bevölkerungsteile. Im 16. Jahrhundert löste, in immer kürzeren Abständen, ein Staatsbankrott den anderen ab. Die verarmte Landbevölkerung flüchtete in die Städte. Ausländische Geldgeber beherrschten das einheimische Bankgeschäft. Viele Juden zogen die Konversion der Vertreibung vor, teils freiwillig, teils erzwungen.⁶ Dies bedeutete, dass durch die Unterdrückung der jüdischen Religion nicht zwangsläufig auch die jüdische Rasse aus Spanien verschwand. Vielmehr haben die Juden, da angesichts der katastrophalen wirtschaftlichen Lage ein offensichtlicher Bedarf vorlag, ihre angestammten Berufe nun als Neuchristen auch weiterhin unter den Altchristen ausgeführt und dadurch gleichzeitig ihre wissenschaftliche und manuelle Überlegenheit dokumentiert. Dies rief eine entschiedene Reaktion bei den Altchristen hervor. Um sich gegen die Überlegenheit ihrer neuen, aber wenig geliebten christlichen Brüder zu wehren und sie vom Zugang zu den lukrativen Ämtern in Staat und Kirche – den letzten noch verbliebenen feudalen Einnahmequellen – auszuklammern, besann sich die orthodoxe Gesellschaft auf Privilegien, für die *nur sie* die Voraussetzungen erfüllen konnte: Wer ein Amt anstrebte, musste bis ins vierte Glied

---

5 *De la edad conflictiva* (s. Anm. 2), S. 52 f.: ... *el cristiano dominaba y combatía, el mudéjar edificaba castillos y viviendas, el judío administraba las finanzas y hacía todo lo demás.*
6 Neben den Arbeiten von Américo Castro ist das dreibändige Kompendium von Julio Caro Baroja (*Los Judíos en la España moderna y contemporanea*, Madrid 1962) bis heute eine wichtige Quelle. Ebenso Miguel Juan Blázquez, *Inquisición y cryptojudaismo*, Madrid 1988.

seine Blutsreinheit[7] nachweisen. Auf diese Weise waren die Neuchristen – ohne Unterschied, ob sie nun überzeugte *conversos* oder heimliche Anhänger des mosaischen Gesetzes (*judaizantes*) waren – mit wenigen Ausnahmen bis in das 17. Jahrhundert hinein von kirchlichen und staatlichen Ämtern ausgeschlossen.[8] Staat und Kirche arbeiteten dabei einträchtig zusammen. Die Kirche hatte ein Interesse daran, die Lehre und ihre Institutionen in ihrem Sinne »rein« zu halten. Und der Staat sah im rigorosen Festhalten an einer offiziellen Staatsreligion die einzige Möglichkeit, die politische Einheit des Landes zu erreichen und zu festigen. Eine Welle von Verleumdungen und allgemeiner Angst überzog die Iberische Halbinsel; denn schon der ausgesprochene Verdacht, dass man in seiner Linie eine »jüdische Großmutter« habe, genügte, um von der staatlichen oder kirchlichen Ämterlaufbahn ausgeschlossen zu werden. Die Einführung der Reinheitsstatuten hatte daher das ganz und gar unchristliche Ergebnis, dass auch die überzeugten *conversos*, die keine *judaizantes* waren, zwar als Glaubensbrüder, nicht aber als gleichwertige Staatsbürger akzeptiert wurden; ganz zu schweigen von dem Los derer, die nur unter existenziellem Zwang ihren Glauben nach außen wechselten.

Angesichts dieser veräußerlichten, scheinheiligen Religiosität, die sich die privilegierten Altchristen als Schutzwall errichtet hatten und mit dem Titel der *honra* rechtfertigten, setzten viele *conversos*, ganz besonders die überzeugten, ihre Hoffnung, in die Gesellschaft integriert zu werden, auf die innere Glaubensreform des Erasmus von Rotterdam. In keinem anderen Land waren die Schriften

---

[7] Ein grundlegendes Werk zur *pureza de sangre* ist die Arbeit von Albert A. Sicroff: *Los estatutos de limpieza de sangre. Controversias entre los siglos XVI y XVII*, Madrid 1985.

[8] Neuere Untersuchungen sind: Luis Suárez Fernández, *La expulsión de los judíos de España*, Madrid 1992; Norman Roth, *Conversos, Inquisition, and the Expulsion of the Jews in Spain*, Madison 2002; Gerd Schwerhoff, *Die Inquisition*, München 2004.

des Erasmus so populär wie in Spanien.⁹ Aber auch diese Reformbestrebungen wurden schon Jahre vor dem Regierungsantritt Philipps II. unterbunden; Staat und Kirche gingen energisch gegen die spanischen Erasmisten vor und verboten ihre Bücher, weil sie argwöhnten, dass eine enge Verbindung zwischen dem Erasmismus und den Neuchristen bestünde; und in diesem Punkt vermuteten sie richtig. Es ist keine Übertreibung: Der literarische Niederschlag dieser desolaten Situation ist die *novela picaresca* im engeren Sinn.

Durch die geniale Erfindung der pikaresken Lebensgeschichte in Ich-Form bot sich den *conversos* die Möglichkeit eines verdeckten, indirekten Angriffes gegen die orthodoxe, selbstgefällige Gesellschaft, die Möglichkeit eben einer subversiven Affirmation: Die Glaubenssätze der herrschenden Gesellschaftsordnung wurden an ihrer defizitären Umsetzung gemessen. In der vermeintlichen oder überzeugten Zustimmung zu den religiösen Prinzipien der altchristlichen Orthodoxie forderten die Neuchristen ihre Rechte ein, als gleichberechtigte Bürger auch in der weltlichen Gesellschaft anerkannt zu werden, ohne erst auf eine jenseitige divine Gerechtigkeit warten zu müssen.

1. Die gesellschaftliche Opposition des *Lazarillo de Tormes* (1554)

Diese Angriffe eines Rechtlosen, wie es Lazaro war,¹⁰ werden nicht offen geführt. An keiner Stelle lässt Lazaro sich zu einem Urteil verleiten. Er versucht nur, *Vuestra Merced* davon zu überzeugen, dass sein gegenwärtiges Verhalten in dem stadtbekannten »Fall« Resultat seiner bisherigen Lebenserfahrung sei. Dabei argumentiert er im Tarnge-

---

9 Bataillon (1969).
10 Einzelheiten sind im vorausgehenden Kapitel nachzulesen.

wand eines vorgeblich unbedarften Zeitgenossen auf raffinierte Weise scheinbar affirmativ in den Denkkategorien seiner Umwelt; dies ist seine latente Subversion gegen die herrschende altchristliche Ordnung. Dieses Versteckspiel zählt zu den Glanzleistungen des unbekannten Autors. Hätte er die Geschichte in der 3. Person erzählt, dann hätte er – als alles überblickender Autor – Urteile einflechten und seine Erzählintention preisgeben müssen. So aber konnte er sich ständig hinter die Maske seines vermeintlich naiven Erzählers zurückziehen und jede Verantwortung für das Gesagte zurückweisen. Dies dürfte wohl die historisch bedingte Rechtfertigung für die Ich-Perspektive sein.

Der *Lazarillo de Tormes* ist noch ein vortridentinisches Werk. Er spiegelt die Diskussion der Erasmisten, die in der Mehrzahl *conversos* waren, um die innere Reform der Kirche wider; denn durch diese innere Reform erhofften sich viele Neuchristen eine Aufhebung der rassischen Diskriminierung, die im Widerspruch zur paulinischen Tradition der Kirche stand. Diese Diskussion konnte, wegen des frühzeitigen Verbots des Erasmismus in Spanien, nicht offen geführt werden. Sie spielte sich indirekt vor dem groben, in Wirklichkeit aber höchst kunstvoll gestalteten Hintergrund der Geschichte eines pikaresken Helden ab. Dass die Intention dieser verschlüsselten Lebensgeschichte von den Zeitgenossen, besonders von der staatlichen und kirchlichen Zensur, sehr wohl verstanden wurde, beweist das weitere Schicksal dieses Büchleins. Es wurde 1559 von der Inquisition auf den Index der verbotenen Bücher gesetzt und durfte bis 1812 in der originalen Fassung nicht mehr aufgelegt werden.

2. Die orthodox-dogmatische Doppelsinnigkeit des *Guzmán de Alfarache* (1599/1604)

Es dauerte fast fünfzig Jahre, bis in Spanien wieder ein Werk erschien, das den Vergleich mit dem *Lazarillo* zuließ. Die Gründe für diese langjährige Abstinenz kann man nur vermuten; aber einige Beobachtungen sind zumindest erwähnenswert. Unter Philipp II. hatte sich die Zensur verschärft. Die Inquisition hatte die Kritik des *Lazarillo* an Staat und Kirche, auch wenn sie literarisch verschlüsselt war, erkannt und entsprechend gehandelt. Deshalb kann man sich nur schwer vorstellen, dass angesichts des rigorosen Eingreifens der Inquisition ein Autor das Risiko eingegangen wäre, im unmittelbaren Gefolge des *Lazarillo* als Urheber eines thematisch verwandten Werkes überführt zu werden; es sei denn – und dies ist der Fall bei Mateo Alemán –, dass es ihm gelungen ist, seine Kritik so ambivalent zu formulieren, dass sie beliebig ausgelegt werden konnte. 1599, ein Jahr nach dem Tode Philipps II., erschien der erste Teil des *Guzmán de Alfarache*, dem 1604 der zweite Teil folgte[11]. Dieser zweite Teil war entgegen der ursprünglichen Ankündigung des weiteren Handlungsverlaufs deutlich verändert worden, da bereits 1602 ein apokrypher zweiter Teil erschienen war von einem Autor, der sich die ursprüngliche Ankündigung zunutze gemacht hatte. Mateo Alemán, der Autor des Originals, stammte in beiden Linien – mütterlicher- und väterlicherseits – von jüdischen *conversos* ab. Als er später in die Neue Welt auswandern wollte, musste er, um das Ausreiseverbot für Neuchristen zu umgehen, mit Hilfe von Freunden seine Genealogie fälschen.

Der Streit um die authentische Interpretation des *Guz-*

---

11 Im Folgenden unter Angabe von Teil, Buch und Kapitel zitiert nach der kommentierten Ausgabe von Valbuena Prat (1962), S. 232–573; dt.: Baader (1964), Bd. 1, S. 65–846.

mán ist noch nicht abgeschlossen.[12] Man hält ihn beispielsweise für ein typisches Werk des katholischen Barock, weil er die Grundthesen des Reformkonzils von Trient sehr genau widerspiegele. Aber gegen diese kirchentreue »römische« Auslegung wurden auch Bedenken laut. So sehen andere Forscher im *Guzmán* in erster Linie eine Aufforderung zur Desillusion, zum *desengaño*, einem sehr wichtigen Begriff im Siglo de Oro. Dieser Begriff besagt, dass der Mensch sich von den trügerischen Vorspiegelungen der sündigen Welt befreien müsse, um seine wirkliche Aufgabe, seine Pilgerschaft zum himmlischen Jerusalem, unbeirrt fortführen zu können. Allerdings liegt auch diese Interpretation nach dem sogenannten vierfachen Schriftsinn noch im Rahmen einer religiösen Weltdeutung. In anderen Arbeiten spricht man dem Werk dagegen nicht nur eine orthodoxe Grundhaltung ab, sondern glaubt sogar, dass man eine entschieden heterodoxe Tendenz herauslesen könne.[13] Durchgehend wird aber immer wieder darauf hingewiesen, dass der *Guzmán* nicht ohne Rekurs auf die gesellschaftliche Situation der Neuchristen interpretiert werden könne.

Wie also ist der *Guzmán* angesichts der teils unterschiedlichen Meinungen zu verstehen? Man sollte bei der Interpretation von folgenden Voraussetzungen ausgehen: Alemán hatte die inquisitoriale Kontroverse um den *Lazarillo* vor Augen. Staatliche und kirchliche Zensur achteten sehr scharfäugig auf orthodoxe Konformität; Alemán hatte die gesellschaftliche Diskriminierung der jüdischen Neuchristen am eigenen Leibe erfahren. Man sollte aber auch bedenken, dass der Status des *converso* nicht notwendig heterodoxes Denken implizierte; dies war allerdings ein weit verbreitetes Vorurteil unter den Altchristen, z. T. auch einfach ein Alibi, um gegen die Neuchristen vorgehen zu kön-

---

12 B. W. Ife, *Lectura y Ficción en el Siglo de Oro*, Barcelona 1992, S. 84 ff.;
Ángel San Miguel, in: Roloff / Wentzlaff-Eggebert (1995), S. 63 ff.
13 Bjornson (1977), S. 43 ff.

nen. Zwar haben nicht alle Neuchristen nach der staatlich verordneten Konversion ihren alten Glauben abgelegt, es ist aber auch bekannt, dass die kirchlichen Reformbestrebungen in Spanien und die soziale Neuordnung des christlichen Einheitsstaates besonders von überzeugten Neuchristen unterstützt wurden. Die Gründe dafür waren verschieden; die einen erhofften sich durch die Reformen ihre soziale Integration, die anderen strebten nach einem unverfälschten Christentum im Sinne des Erasmus von Rotterdam. Warum also sollte man den *Guzmán*, wenn man dies alles berücksichtigt, nur in einem Entweder-oder interpretieren? Wäre es nicht auch denkbar, dass in diesem Werk sowohl eine orthodoxe Büßergeschichte als auch der dokumentierte Widerspruch zwischen historischer Realität und theologischem Reformverlangen wiederzufinden ist, dass dieses Werk also gerade die historische Komplexität der spanischen Verhältnisse artikuliert?

Eine wichtige Besonderheit ist zu nennen: Der *Guzmán* ist von der Zensur nicht verboten worden und er ist auch nicht anonym erschienen. Die kirchliche Zensur hat dem Werk sogar bestätigt, dass man in ihm nichts finde, »was gegen den katholischen Glauben sei. Im Gegenteil, es gibt moralische Anweisungen für das menschliche Leben.«[14] Heißt das nun, dass es sich um ein moralisches Erbauungsbuch handelt, das durch das negative Beispiel eines pikaresken Sünders den Leser auf den sicheren Pfad der Tugend führen will? Alemán selbst hat dieser Interpretation der kirchlichen Zensur nie widersprochen. Denn diese systemkonforme Auslegung war ja die beste Garantie dafür, von der Inquisition nicht behelligt zu werden. Und ihr ist auch mancher spätere Interpret gefolgt. Man könnte sagen: Er ist in die Falle der vermeintlichen, der subversiven Affirmation getappt.

---

14 Fray Diego Dávila in der *Aprobación*: *En él no hallo alguna cosa que sea contra la Fe Católica; antes tiene avisos morales para la vida humana.*

Während Lazaro seinen ironischen Rechtfertigungsbrief »im Hochgefühl und auf dem Gipfel« eines glücklichen Schicksals[15] schreibt, zieht Guzmán seine Lebensbilanz zum Zeitpunkt seiner tiefsten Erniedrigung; er ist zu lebenslänglicher Galeerenstrafe verurteilt. Nur ganz am Schluss des Berichtes wird angedeutet, dass er auf Begnadigung hoffen dürfe; aber nur weil er eine Rebellion seiner Leidensgenossen vorzeitig an die Wachen verraten habe. Der Ich-Erzähler Guzmán steht außerhalb der menschlichen Gesellschaft. Er hat mit ihr nichts mehr zu tun und er hat von ihr auch nichts mehr zu erhoffen oder zu befürchten; denn tiefer kann die Erniedrigung nicht mehr werden: Er muss den Galeerensträflingen den After abwischen, er ist ein Ausgestoßener unter Ausgestoßenen. Nach dem Willen seines Autors, der ihn im Untertitel des zweiten Teils einen »Turmwächter des menschlichen Lebens«[16] nennt, reflektiert Guzmán als einer, den nichts mehr an die Welt bindet, über sein eigenes Leben und über die Gesellschaft, die ihn aus ihrer Gemeinschaft ausgestoßen hat. Damit das Reflexionsniveau des Ich-Erzählers auch durch den Lebenslauf selbst glaubwürdig erscheinen kann, erfährt der Leser im Verlaufe der Handlung, dass Guzmán nicht ein einfacher Diener vieler Herren war wie Lazarillo, sondern in Italien bis in die Dienste eines Kardinals und Gesandten aufgestiegen war, dass er die damals bekanntesten Hohen Schulen in Spanien besucht hatte, dass er sich für einige Zeit sehr gewissenhaft dem Studium der Theologie gewidmet hatte und dass er, wenn auch auf die Dauer ohne Erfolg, in das äußerst riskante Geschäft betrügerischer Finanztransaktionen eingestiegen war. Guzmán war folglich von seinem Autor so angelegt, dass sein Erfahrungshorizont, von dem aus er rückblickend sein Leben berichtet und über die Gescheh-

---

15 ... *en mi prosperidad y en la cumbre de toda buena fortuna* (Schluss).
16 *Atalaya de la vida humana.*

Subversive Affirmation

nisse urteilt, eine überindividuelle Verbindlichkeit beanspruchen kann.

Wie schon im *Lazarillo* laufen auch hier zwei Erzählintentionen bzw. -stränge parallel: die individuelle Geschichte des reumütigen Guzmán und die repräsentative Analyse der zeitgenössischen spanischen Gesellschaft. Alemán betont zwar durch seinen Ich-Erzähler, dass es ihm ausschließlich um die Generalbeichte eines Sünders und Büßers gehe, die den Leser zu einem frommen Lebenswandel aufrufen solle,[17] gleichzeitig lässt aber die bewusste Konstruktion eines Turmwächters des menschlichen Lebens vermuten, dass Alemán durch die Figur seines allwissenden Ich-Erzählers die gesamte spanische Gesellschaft in seine literarische Fiktion einbezog.

Bereits auf der ersten Seite des Romans findet sich eine sehr wichtige Bemerkung, die oft überlesen wurde, die aber entscheidend für die Analyse der Erzählintention des Textes ist. Guzmán sagt, man könne ihm nicht vorwerfen, dass er in seinem Bericht nicht von der Definition (der Bezeichnung) zum Definitum (dem Bezeichneten) geschritten sei.[18] Er will sagen, dass er zuerst eine Definition von etwas gegeben habe und dass er erst dann das, was er bereits definiert habe, vorgeführt habe. Guzmán bezieht sich hier in diesem zunächst etwas schwer verständlichen Satz auf die Tradition mittelalterlicher Beweisführung, auf einen Syllogismus der Scholastik. In diesem Syllogismus wird von einem apriorischen, unumstößlichen Wissen ausgegangen, nämlich der Definition (z. B. »Der Mensch kann Gott in seiner Schöpfung erkennen«). Der Beweisgang selbst, nämlich das Definitum, ist dann nur die nachträgliche Bestätigung dieses unumstößlichen Wissens, dessen Wahrheit außer Frage steht. Diese Reihenfolge der Argumentation, die jeglichem empirischen Verfahren wider-

---

17 ... *aquesta confesión general que hago, ... no es para que me imites a mí; antes para que, sabidas, corrijas las tuyas en tí* (II,1,1).
18 ... *porque no procedí de la difinicion a lo difinido* (ebd.).

spricht, liegt auch im *Guzmán* vor. Sie bildet die poetische Struktur des Berichtes. Mit anderen Worten: Guzmán berichtet und urteilt über sich und die gesellschaftliche Wirklichkeit aus der Perspektive eines Wissenden, der das Ergebnis bereits kennt. Die erzählte Zeit, die Lebensgeschichte selbst, wird aus der Perspektive der Erzählzeit gedeutet und erklärt: Guzmán urteilt als »Turmwächter des menschlichen Lebens« über sich und die Welt. Durch diese syllogistische Methode wird die textuelle Verzahnung von Bericht und Reflexion, vom Erzählen im zeitlichen Kontinuum der eigenen Lebensgeschichte und den ausführlichen moraltheologischen Digressionen erst verständlich. Der *Guzmán* – so kann man sagen – ist kein offener Roman, der noch weitergehen könnte, sondern ein dogmatischer Roman, der von einer ganz bestimmten Definition, d. h. von einem apriorischen theologischen Dogma ausgeht. Diese Argumentationsstruktur ist Teil des Versteckspiels des Autors. Ich will dies erläutern: Die offizielle spanische Zensur und mancher Interpret haben mit Recht darauf hingewiesen, dass die Rechtfertigungslehre, die in Trient neu formuliert worden war, zur dogmatischen Substanz dieses Romans gehöre. Die Rechtfertigungslehre handelt von der Beteiligung des Menschen an seiner Erlösung durch gute Werke. Alemán nun führt im *Guzmán* tatsächlich eine Sünder- und Büßergeschichte vor, in der das tätige Mitwirken des bußfertigen Sünders an seiner Erlösung eine wichtige Rolle spielt. Die Erlösung aber, die Alemán vorführt – und diese Nuance darf nicht übersehen werden –, ist ein rein geistiger, ein außergesellschaftlicher Prozess; die Reintegration des Sünders in die Gemeinschaft der Rechtgläubigen ist ein Versprechen auf das Jenseits, ohne reale Folgen für das Diesseits. Oder anders gesagt: Die Konversion der jüdischen Mitbürger – ob nun aus Überzeugung oder durch Zwang – ist ohne Folgen für ihre gesellschaftliche Situation; sie bleiben suspekte Neuchristen. Die tridentinischen Reformen bleiben im realen spanischen Alltag ohne Folgen, sie bleiben ein Denkspiel für die Sakristei.

Damit die Polemik und Brisanz dieser Argumentation in ihrer historischen Aktualität erkannt werden kann, muss ich auf den fiktiven Lebenslauf des Guzmán näher eingehen. Guzmáns Vater, ein Kaufmann aus der Levante, vereinigt in sich alle Fehler, die das Vorurteil der orthodoxen Gesellschaft den *conversos* anlastet. Guzmán allerdings verteidigt seinen Vater, der seine wenn auch nicht immer korrekten Finanzgeschäfte nicht anders abgewickelt habe als die Vertreter der gesellschaftlich angesehenen Handelshäuser; nur hatte er dabei eben weniger Glück. Guzmán will damit sagen, dass sein Vater, der mit dem Makel des heterodoxen Neuchristen behaftet war, nur im Rahmen der Konventionen der offiziellen Gesellschaft seine Spekulationsgeschäfte geführt habe. In gleicher Weise wie sein Vater versucht sich später Guzmán, aber auch er scheitert auf der ganzen Ebene: Die Gesellschaft, für die seine negative Biographie als Abschreckung oder als moralischer Impuls gedacht war, beherrscht die korrupten Praktiken finanzieller und kommerzieller Transaktionen besser als der (nach dem herrschenden Vorurteil) durch seine Herkunft dazu veranlagte Sohn eines *converso*. Der Beweisgang der vermeintlichen Büßergeschichte oder Generalbeichte dreht sich um, er wendet sich in sein Gegenteil. Der aufgebaute theologische Syllogismus, dass der Mensch an seiner Erlösung mitwirken könne und müsse, scheitert im konkreten Feld der Integration der Neuchristen in die altchristliche Gesellschaft. Dies versucht Alemán in seiner subversiven Affirmation – d. h. durch die wörtliche Applikation der tridentinischen Lehrmeinung (Definition) auf die reale Situation (Definitum) zu beweisen; denn die gesellschaftliche Diskriminierung und Desintegration der *conversos* stand im eklatanten Widerspruch zur Rechtfertigungslehre. Nach der offiziellen Auslegung hatte jeder vor Gott nur sich selbst, nicht aber die Sünden seiner Väter zu verantworten. Spanien, das stolz darauf war, die Beschlüsse des Reformkonzils von Trient durch Staatsbeschluss als verbindlich eingeführt zu haben,[19] ignorierte die gesellschaftliche Konsequenz dieses Dogmas. Der Beweis dafür ist die Lebensgeschichte des Guzmán; unter dem Mantel der warnenden Büßergeschichte, der »Generalbeichte«, verbarg sich der verdeckte Angriff auf die orthodoxe Gesellschaft; sie sollte an ihren eigenen Maßstäben gemessen, d. h. beim Wort genommen, und mit ihren eigenen Argumenten entlarvt werden.

Ich halte es für eine geniale Taktik des Autors, wie er bewusst mit der Ambivalenz der ideologischen und historischen Diskrepanz spielt und dem orthodoxen Publikum einen reumütigen Sünder vorstellt, der als erzähltes Ich in seiner Lebensgeschichte die Denkkategorien der herrschenden Gesellschaft ganz und gar verinnerlicht zu haben scheint. Das beste Beispiel dafür möchte ich kurz nennen: Als Guzmán aus der Gesellschaft ausgestoßen und aufs Tiefste erniedrigt ist, versucht er in einem letzten Anlauf, mit Gott ins Geschäft zu kommen und auf der göttlichen Bank sein noch verbleibendes moralisches Kapital möglichst günstig anzulegen, um sich die ewige Seligkeit zu erkaufen: »Lege alles auf das Konto Gottes! Belaste ihn sogar mit dem, was du verlierst! Er wird es auf sein Konto übertragen und auf deinem schlechten Konto tilgen.«[20] Ein kaufmännisches Rechenexempel scheint ihn zu überzeugen von der Lukrativität seiner religiösen Transaktion. Guzmán stellt sich für seine Leser als reumütiger Sünder vor, er will sich bessern. Warum er es tut und wie er es tut, das beschreibt er aber nicht mit religiösen Begriffen, sondern mit einer Metapher aus dem Finanzleben. Hinter dieser Metapher verbirgt sich – raffiniert versteckt – die Kritik des *converso* am kommerziellen Denken der

---

19 Constancio Gutiérrez, *Españoles en Trento*, Valladolid 1951.
20 ... *ponlo a la cuenta de Dios. Hazle cargo aun de aquello que has de perder y recibirálo por su cuenta, bajándolo de la mala tuya* (II,3,8).

Rechtgläubigen. Die vermeintliche Affirmation der Gesellschaftsstruktur ist in Wirklichkeit Kritik an ihr. Ideologie und wirtschaftliche Wirklichkeit stehen im Widerspruch zueinander. Die altchristliche Gesellschaft, die sich durch kommerzielle Abstinenz von den Neuchristen unterscheiden möchte, kann selbst nur in geldwirtschaftlichen Kategorien denken, bis hinein in die religiösen Erklärungsbeispiele. Die als abschreckende Belehrung gedachte Generalbeichte des Guzmán, des neuchristlichen Bankrotteurs, ist angesichts der gesellschaftlichen Praxis nur eine harmlose Episode. Die Verhältnisse kehren sich um. Die Ankläger sind jetzt die eigentlichen Delinquenten – und der Angeklagte ist nur das Opfer ihrer monströsen Korruption.

Die ideologiekonforme Sünder- und Büßergeschichte war Alemáns erzähltechnisches Alibi für seine sarkastische Gesellschaftssatire. Alemán maß schlicht die Wirklichkeit seiner Zeit an den tridentinischen Reformdekreten. Deshalb war er unangreifbar. Der offensichtliche Widerspruch zwischen Soll und Sein – und damit Alemáns erzähltechnische Intention – stellt sich durch die Schilderung der Missverhältnisse von selbst ein. Sie brauchte keinen erläuternden Kommentar. Wer sie zu lesen verstand, erkannte den gesellschaftskritischen *desengaño*, wer nicht, der hatte eine erbauliche Büßergeschichte bzw. Generalbeichte vor sich. Dass Guzmáns Lebensgeschichte so und so gelesen werden konnte, ist der taktischen Erzählambivalenz ihres Autors zu verdanken.

3. Pikareske als Provokation. Das ungebundene Leben der *Pícara Justina* (1605)[21]

Bevor ich näher auf Quevedos *Buscón* eingehe, möchte ich noch ein anderes Werk vorstellen; es ist die *Pícara Justina* (1605) von López de Úbeda. Nicht nur auf dem Frontispiz der Erstausgabe von 1605 sieht sich die Titelheldin im Gefolge von Lazarillo und Guzmán; am Ende ihrer turbulenten Autobiographie bittet sie den Leser, der sicherlich noch mehr über sie erfahren möchte, er solle ihr, der Neuvermählten, einige Zeit der glücklichen Ruhe mit ihrem neuen Gemahl *don Pícaro Guzmán de Alfarache* gönnen. Offensichtlich war Guzmán, wie er selbst ankündigte, doch noch begnadigt worden.

Justina kommt aus den Bergen im Norden Spaniens. Ihre Eltern besaßen im Königreich León ein Wirtshaus. Der Hinweis, dass man aus den Bergen stamme, galt damals als Synonym für Rechtgläubigkeit und Blutsreinheit; denn diese Gebiete waren schon immer altchristliches Gebiet. Justina zerstört aber sehr schnell diese Illusion. Sie gibt unumwunden zu, dass ihre Großeltern väterlicherseits Juden waren. Sie sagt: »Sie kamen etwas jenseits vom Berge Tabor.«[22] Das Gleiche gilt für die mütterliche Verwandtschaft, von der sie in ironischer Anspielung auf die Nachforschungspraxis der inquisitorialen Statutenkommissionen sagt: »Sie sind bestens bekannte Christen. Kein Kind kann sagen, wie lange sie schon in Spanien sind. Und ihre christliche Gesinnung zeigt sich daran, wie gern sie sich hier niederließen und wie christlich sie leben und wie sie dem Pfarrer auf alles, was er wissen will, höflich antworten.«[23] Justina entlarvt den geographischen Reinheits-

---

21 Im Folgenden unter Angabe von Buch und Kapitel zitiert nach der kommentierten Ausgabe von Valbuena Prat (1962), S. 699–880.
22 *... que eran un poco más allá del monte Tabor* (I,2).
23 *... son cristianos más conocidos, que no hay niño que no se acuerde de cuando se quedaron en España, por amor que tomaron a la tierra y las muestras*

beweis als Trug. Sie legt gar keinen Wert auf eine orthodoxe Herkunft. Sie will nicht, ja sie kann auch nicht in der Hierarchie der Ehrenämter aufsteigen oder sich um eine lukrative Pfründe bemühen. Sie macht sich offen lustig über die demütigenden Anstrengungen ihrer Zeitgenossen, die ihre jüdische Großmutter aus der Ahnentafel streichen möchten, um sich in die Gesellschaft integrieren zu können. Sie spottet: »Wisst, ich habe nicht vor, wie andere Geschichtsschreiber, das Papier mit lügnerischen Radierflecken zu besudeln, um so die Flecken meiner Herkunft und Person zu verdecken. Lieber male ich mich, wie ich bin.«[24] So offen hatte noch niemand über das nationale Ärgernis Spaniens gespottet. Vielleicht war dieser Angriff für den Autor nur deshalb ungefährlich, weil Justina als Figur der Erzählung durch ihre nach dem Urteil der Leser schändliche Herkunft *per definitionem* schon eine negative Gestalt war. Dies erlaubte ihr – oder genauer gesagt: dem Autor –, die historische Situation exakt zu skizzieren. Jeder, so meint Justina, könne sich seine Herkunft zusammenlügen und Ehrenhaftigkeit vortäuschen. Sie bezweifelt jedoch, ob dies überhaupt noch einen Sinn habe, ob sich der Aufwand auch lohne; denn in Wirklichkeit gebe es in Spanien nur noch zwei Linien der Herkunft: Haben und Nicht-Haben.[25] Das Gesetz der Blutsreinheit bestand nur als ideologisches Schutzprivileg gegen die überlegenen Neuchristen weiter; denn die Feudalideologie war in der Praxis längst durch frühkapitalistische Normen überholt worden. Gegen Ende des 16. Jahrhunderts bestimmte in Wirklichkeit nur noch die finanzielle Solvenz den sozialen

que dieron de cristianos, y con qué gracia respondían al cura a cuanto les preguntaba (ebd.).
24 *Mas entended que no pretendo, como otros historiadores, manchar el papel con borrones de mentiras, para por este camino cubrir las manchas de mi linaje y persona. Antes pienso pintarme tal cual soy, ...* (Introducción general, I).
25 *... que en España, y aun en el mundo, no hay sino solo dos linajes: el uno se llama el tener, y el otro no tener* (I,2).

Status, aber nicht mehr die *pureza de sangre*. Selbst Guzmáns »Generalbeichte« ist ein Beweis dafür. Justina setzt sich über die Vorurteile hinweg und lebt nach den Gesetzen der Geldwirtschaft; davon handelt der Rest des Buches. Sie konnte sich allerdings von dem Zwang der orthodoxen Ideologie nur befreien, weil sie bewusst auf ihre Eingliederung in die ständische Ordnung verzichtete. Sie lebt als *pícara*, als die personifizierte Alternative; für sie ist die *vida picaresca* selbst ein Positivum. Sie genießt die Freiheit der gesellschaftlichen Ungebundenheit.

Am eingehendsten hat sich Marcel Bataillon mit dem Roman beschäftigt und wichtige Einzelheiten dechiffriert. Die *Pícara Justina* ist Don Rodrigo Calderón, einer der einflussreichsten Persönlichkeiten am Hofe Philipps III., gewidmet, dessen Genealogie in beiden Linien dunkle Punkte aufweist.[26] Es ist durchaus möglich, dass López de Úbeda, wahrscheinlich selbst ein Neuchrist, seinem Gönner die bereits anachronistische Absurdität, sich durch eine gefälschte oder erkaufte Ahnentafel »reinigen« zu wollen, im Gegenlicht der pikaresken »Aussteigerin« vor Augen führen wollte. Der Autor hat sich aber gegenüber der inquisitorialen Zensur wesentlich durchsichtiger als Alemán abgesichert; denn die Nutzanwendungen (*aprovechamientos*), die den einzelnen Kapiteln jeweils angehängt sind, haben entweder sehr wenig mit dem vorausgehenden Geschehen zu tun oder interpretieren es in grotesker Gegenläufigkeit. López de Úbeda trennt nicht nur personell zwischen dem Bericht der Erzählerin und den *aprovechamientos* des Autors, auch das reflektierende Urteil des Autors ist ohne Einfluss auf die Entscheidungen seiner Titelfigur; die *pícara* ignoriert den Autor und seinen vermeintlichen moralischen Ansatz. Damit scheint der Autor von der Verantwortung für seine literarische Fiktion entbunden zu sein. Dies dürfte eine neue Variante im Versteckspiel mit der Zensur gewesen sein.

26 Bataillon (1969), S. 31 ff.

4. Die orthodoxe Antwort: Quevedos *Buscón* (1626)[27]

Ganz anders stellt sich dies alles dar im *Buscón* des altchristlichen Zynikers Francisco de Quevedo.[28] Wie Lazarillo berichtet auch Buscón einem unbekannten Herrn sein Leben. Alles deutet zunächst darauf hin, dass *La vida del Buscón* nichts anderes als eine Variante zum *Lazarillo* sei: Herkunft, Kindheit, *mozo de muchos amos*, Rückblick. Aber der Unterschied beginnt schon damit, dass die befleckte »Linie« (*linaje*) der Eltern und der Verwandtschaft eine große Rolle spielt. Buscóns Vater war ein Barbier, der seinen Kunden die Geldbeutel stahl. Seine Mutter, als Hexe und Kupplerin verschrien, stand im Verdacht, eine Neuchristin zu sein, obwohl sie stets eine lange Ahnenliste aufzählte, als wollte sie beweisen, dass sie von der ganzen Schar der Heiligen abstamme. Um aus diesem bedrückenden Milieu auszubrechen, überredet Buscón seine Eltern, ihn auf die Schule zu schicken. Er meint: »Ich war fest entschlossen, Tugend zu lernen und in meinen guten Gedanken Fortschritt zu machen.«[29] Auf der Schule aber muss er bitteren Spott über sich ergehen lassen. Man verspottet ihn, weil seine Mutter von der Inquisition öffentlich an den Pranger gestellt worden war und weil niemand glaubt, dass er der Sohn des Barbiers sei. Buscón schließt Freundschaft mit Don Diego, dem Sohn eines Adligen. Er begleitet ihn als Diener auf ein Internat. Der Leiter des Internats ist so geizig, dass er, um nicht als heimlicher Jude (*judaizante*) zu gelten, nur etwas Speck in die Wassersuppe gibt. Don Diegos Eltern retten die beiden aus dieser Misere und schicken sie zum Studi-

---

27 Im Folgenden unter Angabe von Buch und Kapitel zitiert nach der kommentierten Ausgabe von Fernando Lázaro Carreter (Salamanca 1980); dt.: Baader (1964), Bd. 2, S. 7–154.
28 Victoriano Roncero-López, *Historia y política en la obra de Quevedo*, Madrid 1991.
29 *Yo quería aprender virtud resueltamente y ir con mis buenos pensamientos adelante* (I,1).

um an die Universität nach Alcalá de Henares. Hier setzt sich Buscón gegenüber seinen Altersgenossen nur durch, weil er es schlimmer treibt als die andern. Zur gleichen Zeit als Don Diego, unter dessen Schutz er seine schändliche Herkunft verbergen konnte, die Universität verlässt, erfährt Buscón, dass sein Vater hingerichtet worden sei und die Mutter öffentlich als Hexe verbrannt werden soll. Nur um die Erbschaft abholen zu können, nimmt er es auf sich, seinen Onkel, den Henker von Segovia, aufzusuchen. Er verlässt aber die Stadt so schnell wie möglich wieder, damit man ihn nicht erkenne und von seiner Herkunft erfahre. Unterwegs gibt er sich als adliger Kavalier aus; er möchte als vornehmer Herr angesehen werden. Um sich diesen Wunsch erfüllen zu können, zieht er nach Madrid; denn er glaubt, dass er es dort am Hofe weiterbringen werde. Man nimmt ihn in die Zunft der verkrachten und verarmten Junker auf. Durch seine Gaunereien bringt er es auch in diesen zwielichtigen Kreisen zu zweifelhaftem Ansehen, bis die ganze Bruderschaft im Gefängnis landet. Auf Bürgschaft kommt er wieder frei. Sein erster Versuch, sich als vornehmer Herr auszugeben, ist gescheitert. Nun versucht er es in bürgerlichen Kreisen. Er macht einer reichen Wirtstochter den Hof und spielt mit falschen Wechseln erneut den vornehmen Herrn. Aber sehr bald wird er auch hier auf sehr beschämende Weise entlarvt und verjagt. Nun macht er sich an eine adlige Dame heran. Er versucht, im Gewande einer hohen Standesperson ihre Gunst zu gewinnen. Da taucht Don Diego wieder auf, macht dem Treiben ein Ende und stürzt seinen ehemaligen Diener in das soziale Nichts zurück.[30] Buscóns soziale Lebenslinie geht immer weiter nach unten. Als er schließlich von der Justiz in Sevilla wegen eines ungeklär-

---

30 Zu den Einzelheiten des gescheiterten Aufstiegsversuches vgl. Jürgen Jacobs, »Der Fürst des Gaunerlebens«, in: J. J. (1998), S. 63–75; Hans Gerd Rötzer, »*Historia de la vida del Buscón*«, in: Roloff / Wentzlaff-Eggebert (1995), S. 116–134.

ten Mordes gesucht wird, will er nach Amerika fliehen, und es bleibt ihm keine Zeit mehr, seine »Rechtfertigung« im Stile des *Lazarillo de Tormes* abzuschließen: »Und es wurde mit mir noch schlimmer, wie Euer Gnaden im zweiten Teil sehen werden; denn niemand verbessert seinen Zustand, der nur den Ort wechselt, aber nicht sein Leben und seine Gewohnheiten.«[31] Er vertröstet den Leser auf einen zweiten Teil, der nie erschien. Quevedo lässt den Ausgang der Geschichte zwar offen, aber der zeitgenössische Leser wusste, dass die *conversos* und deren Kinder nicht in die Neue Welt auswandern durften. So deutet sich an, dass auch dieser letzte Ausbruchsversuch aus der genealogischen Schande scheitern wird. Buscón bleibt, was er ist: ein rechtloser *converso*, der es nur unter Gaunern und Verbrechern zu einigem Ruhm gebracht hat.

Lazarillo, Guzmán und Justina hatten, wenn es auch nicht offen ausgesprochen wird, die Sympathien ihrer Autoren. Von ihrer niedrigen, schändlichen und unreinen Herkunft wird nicht deshalb berichtet, um sie als Erzsünder abzustempeln oder um ihre Immoralität durch die Herkunft deterministisch zu begründen. Sie sind vielmehr – in der Maske der Rechtlosen – die Gestalt gewordene Antithese zur herrschenden Gesellschaft. Das heißt genauer: Ihre, nach dem herrschenden Vorurteil, ererbte Ehrlosigkeit (*deshonra*) und Unreinheit (*impureza*) werden nicht ihnen zur Last gelegt, sondern als Vorwurf an die Gesellschaft zurückgegeben. Anders ging Quevedo in seiner Erzählung vor. Er findet für seinen Titelhelden nur zynischen Spott. Er stattet ihn mit allen negativen Seiten eines rücksichtslosen Emporkömmlings aus, mit allen Merkmalen eines suspekten Neuchristen, der in die ständische Struktur der altchristlichen Feudalgesellschaft eindringen will; jedoch ohne Erfolg. Da Quevedo aber nicht die Gesamtheit

---

31 *Y fueme peor, como vuesa merced verá en la segunda parte, pues nunca mejora su estado quien muda solamente de lugar, y no de vida y costumbres* (Schlusswort).

seiner Aversionen gegen die aufstrebenden Minderheiten der *conversos* in nur einer einzigen Gestalt konkretisieren konnte, ohne diese Gestalt zu einem unglaubwürdigen Monstrum zu deformieren, multipliziert er die Opfer seines Spottes. Die große Mehrheit der Gauner, Betrüger und Hypokriten, denen Buscón begegnet, sind *conversos* – und zum nicht geringen Teil sogar heimlich praktizierende Juden (*judaizantes*). Alle diese Gestalten wenden ihre ganze ihnen stets als Stigma ihrer Unreinheit vorgeworfene Intelligenz auf, um ihr Ahnenregister unauffällig zu korrigieren. Und auch Buscón, um sich als makelloser Altchrist bei seinen Aufstiegsversuchen auszuweisen, verwendet als Tarnung das despektierliche gegen die Neuchristen gerichtete Vokabular der Orthodoxie: »Lieber ist mir eine arme, aber reine Frau als eine reiche Jüdin.«[32]

Das zentrale Motiv dieser fiktiven Autobiographie ist Buscóns »illusionäre[r] Weg nach oben«.[33] Buscón will sich durch den Wechsel seines ständischen Status von der Schande seiner Herkunft befreien. Nicht physischer Hunger, sondern soziale Ambitionen, sein penetrantes Streben nach Ehre, bestimmen seine Handlungsweise. Aber alle Versuche, vor der Gesellschaft als ein anderer aufzutreten, enden immer wieder in einer radikalen Enttäuschung. Quevedo stellt mit zynischer Freude Buscóns Entwicklung als Ergebnis eines sozialen bzw. rassischen Minderwertigkeitskomplexes dar. Das heißt, er gibt die offizielle Interpretation der herrschenden Gesellschaft wieder: Buscón muss nach der Absicht seines Autors scheitern, da er dem gesellschaftlichen Selbstverständnis seines Erfinders zuwiderhandelt. Quevedo sah in der Forderung der *conversos*, nicht nur *sub specie aeternitatis*, sondern auch *re vera* als gleichberechtigte Mitglieder der altchristlichen Gesellschaft zu gelten,[34] einen Angriff auf das alte Feudal-

---

32 ... *quiero más una mujer limpia en cueros que una judía poderosa* (III,6).
33 Reichardt (1970), S. 31.
34 Dies war vor allem ein Thema im *Guzmán*.

system. Die Argumentation des Autors Quevedo liegt klar zu Tage: Weil Buscón die ständische Ordnung durchbrechen will und damit das ganze künstliche Gebäude des altchristlichen Reinheitsprivilegs gefährden könnte, sollte Buscón ein negatives Beispiel sein, nicht unbedingt im moralischen Sinn, zumindest aber als eine Figur des Spottes. Doch Buscón ist gegen den Willen seines Autors zum Ankläger gegen eine Herrschaftsideologie geworden, der die realen Verhältnisse schon längst widersprachen.

Cervantes und die Pikareske[1] –
Offene gegen dogmatische Erzählstruktur

Im Vorland der Sierra Morena treffen Don Quijote[2] und Sancho Panza auf ein Dutzend Männer, die an eine lange Kette gefesselt sind. Sancho erkennt sofort, dass es Galeerensträflinge sind; aber Quijote sieht nur Menschen, die gegen ihren Willen zu etwas gezwungen werden. Deshalb will er als ritterlicher Beschützer der Unterdrückten eingreifen und die Gefangenen von ihren Fesseln befreien. Er lässt sich das Schicksal eines jeden erzählen. Einer der Wärter warnt ihn davor, was sie ihm alles vorflunkern könnten. Es seien Leute, die mit Vergnügen Schurkenstreiche begingen und damit prahlten.[3] Zuletzt trifft Quijote auf einen Mann von gutem Aussehen, ungefähr um die dreißig, nur leicht schielend. Er ist mit zusätzlichen Hals- und Klemmeisen gefesselt. Dieser, so sagt der Wärter, habe mehr auf dem Kerbholz als alle anderen zusammen. Er sei ein verwegener Bursche und ein großer Schurke, vor dem keiner sicher sei; und man müsse befürchten, dass er sogar mit diesen Fesseln fliehen könne. Es sei der berühmt-berüchtigte Ginés de Pasamonte, der für zehn Jahre auf die Galeere müsse, was seinen bürgerlichen Tod bedeute.[4] Zu Quijote gewandt, der sich für seine Vorgeschichte interessiert, sagt der Gefangene, wenn er unbedingt etwas über ihn wissen wolle, dann könne er es ja nachlesen: »Man soll wissen, dass ich Ginés de Pasamonte bin, dessen Leben von ihm eigenhändig aufgeschrieben ist.«[5] Der Wärter

---

1 Zuerst in: *Hispanorama* 108 (2005) S. 22–27 (überarb.).
2 Im Folgenden unter Angabe von Teil und Kapitel zitiert nach: *El ingenioso Hidalgo Don Quijote de la Mancha*, hrsg. von Martín Riquer, Barcelona 1980; dt.: *Der sinnreiche Junker Don Quijote von der Mancha*, ins Dt. übertr. von Ludwig Braunfels, 2 Bde., Frankfurt a. M. 1969.
3 *Es gente que recibe gusto de hacer y decir bellaquerías* (I,22).
4 *Va por diez años, que es como muerte civil* (ebd.).
5 *Sepa que yo soy Ginés de Pasamonte, cuya vida está escrita por estos pulgares* (ebd.).

Cervantes und die Pikareske 55

bestätigt dies: »Es stimmt, dass er seine Geschichte selbst aufgeschrieben hat; sie lässt nichts zu wünschen übrig. Er ließ das Buch für zweihundert Reales zum Pfand im Gefängnis.«[6] Nun taut Ginés auf; sein Buch sei noch viel mehr wert. Er werde es wieder auslösen, sollte es auch zweihundert Dukaten kosten. Quijote ist erstaunt über Pasamontes Selbsteinschätzung und fragt ihn, ob das Buch wirklich so viel wert sei. Dieser kontert: »Es ist so gut, dass eine schlimme Zeit für den *Lazarillo de Tormes* droht und für alle, die sich in diesem Genre versucht haben oder noch schreiben werden. Seien Euer Gnaden versichert, es erzählt Wahrheiten, die hübsch sind und so originell, dass keine zusammengelogene Geschichte sich mit ihm messen kann.«[7] Pasamonte pocht vor allem darauf, dass seine Geschichte *La vida de Ginés de Pasamonte* wahr sei und alle erfundenen Geschichten übertreffe. Nun folgt die entscheidende Stelle in diesem Gespräch. Quijote fragt Pasamonte, ob das Werk fertig, d. h. abgeschlossen sei. Erstaunt stellt Pasamonte die Gegenfrage: »Wie kann es denn abgeschlossen sein, wenn mein eigenes Leben noch nicht abgeschlossen ist? Das bislang Geschriebene reicht von meiner Geburt bis zu dem Zeitpunkt, da sie mich dieses letzte Mal auf die Galeeren geschickt haben.«[8] Und es mache ihm nichts aus, auf die Galeeren zu gehen; denn dort habe er Zeit, sein Buch fertig zu schreiben. Es sei noch einiges zu erzählen, das er schon auswendig im Kopf habe.

In diesem 22. Kapitel des Ersten Buches befasst sich Cervantes am ausführlichsten mit der *novela picaresca*.

---

6 *Es verdad, que él mismo ha escrito su historia, que no hay más, y deja empeñado el libro en la cárcel, en doscientos reales* (ebd.).
7 *Es tan bueno, que mal año para »Lazarillo de Tormes« y para todos cuantos de aquel género se han escrito o escribieren. Lo que le sé decir a voacé es que trata verdades, y que son verdades tan lindas y tan donosas, que no pueden haber mentiras que se le igualen* (ebd.).
8 *¿Cómo puede estar acabado, si aún no está acabada mi vida? Lo que está escrito es desde mi nacimiento hasta el punto que esta última vez me han echado en galeras* (ebd.).

Um selbst Distanz zu halten, lässt er Pasamonte die Fragen beantworten, die Quijote stellvertretend für den Autor stellt. Pasamonte nennt den pikaresken Archetypus von 1554 beim Namen: *La vida de Lazarillo de Tormes*. Allerdings bieten sich außer der autobiographischen Chronologie von der Geburt bis zur gegenwärtigen Situation wenige Vergleichspunkte. Viel deutlicher ist die Auseinandersetzung mit dem nur andeutungsweise genannten – »und wer noch alles sich in diesem Genre versucht hat« – *Guzmán de Alfarache*: Auch Pasamonte will seine Geschichte, die er zu großen Teilen schon fertig hat, auf der Galeere zu Ende schreiben.

Doch bevor ich auf die Diskussion, wie Cervantes sein Verhältnis zur Pikareske beschrieben oder welche Varianten er selbst durchgespielt habe, näher eingehe, möchte ich den weiteren Weg des Ginés de Pasamonte im *Quijote* verfolgen. Er kommt bei dem Scharmützel als Erster frei, reißt Schwert und Muskete eines Aufsehers an sich, aber er schießt nicht, obwohl alle vom ihm das Schlimmste befürchtet haben; er tut nur so, um alle einzuschüchtern. Im nächsten Kapitel stiehlt er nachts Sancho Panzas Esel; der Erzähler charakterisiert ihn als undankbar und böswillig.[9] Einige Kapitel später erwähnt Quijote, dass Ginés ihm das Schwert geraubt habe.[10] Pasamonte wird im Ersten Teil des *Quijote* als ein großmauliger Gauner beschrieben, der zumindest so viel auf dem Kerbholz hatte, dass er für zehn Jahre auf die Galeeren musste; aber ein großer Verbrecher ist er nur in den Augen der anderen.

Ginés de Pasamonte ist die einzige Gestalt aus Quijotes »ritterlichen« Abenteuern, die auch im Zweiten Teil von

---

9 *Ginés, que no era ni agradecido ni bien intencionado, acordó de hurtar el asno a Sancho Panza* (I,23). – Diese Passage findet sich nur in der von Cervantes überarbeiteten Ausgabe aus dem gleichen Jahr. Sie schuf Verwirrungen, da Sancho schon in den nächsten Kapiteln wieder auf seinem Esel ritt.

10 *Buena espada, merced a Ginés de Pasamonte, que me llevó la mía* (I,30). – Die Raubszene selbst taucht aber im Roman nicht auf.

1615 wieder auftaucht. Das kann kein Zufall sein. Im 4. Kapitel der Fortsetzung erwähnt Sancho die Episode aus dem Ersten Teil, wie ihm der Esel von Ginés gestohlen worden sei. Wenige Tage später habe er beide gesehen: Ginés sei als Zigeuner verkleidet auf dem Esel gesessen. Und zum letzten Mal kreuzen sich die Wege in den Kapiteln 25–27. Ginés zieht als Puppenspieler mit einem angeblich allwissenden Affen durchs Land. Er ist der Maese Pedro, auf den auch Quijote reinfällt, ohne seine wirkliche Identität zu erkennen. Diesen Part übernehmen für den Leser anfangs des 27. Kapitels Chronist, Übersetzer und Herausgeber. Anlässlich der nachträglichen Behebung[11] der »Herstellungsfehler« im Ersten Teil wird *La vida de Ginés de Pasamonte* nach der Befreiung durch Quijote und nach dem Raub des Esels nochmals aufgerollt: Da die Polizei nach ihm fahndete, um ihn für seine zahllosen Schurkenstreiche und Delikte zu bestrafen, beschloss Ginés, sich nach Aragón abzusetzen. In Aragón bedeckte er sich das linke Auge und zog als Puppenspieler durchs Land; denn darauf und auf betrügerische Taschenspielereien verstand er sich bestens.[12] Ausdrücklich weist der Erzähler darauf hin, dass Ginés sein Gauner- und Verbrecherleben in einem dicken Buch selbst weitererzählt und aufgezeichnet

---

11 Anders sieht Alfonso Martín Jiménez (*El »Quijote« de Cervantes y el »Quijote« de Pasamonte: Una imitación recíproca*, Madrid 2001) das wiederholte Auftreten Pasamontes. Schon lange war bekannt, dass Cervantes hier die Lebensgeschichte seines Waffengenossen Jerónimo de Pasamonte als Vorlage benutzt hat. Doch Martín geht einen Schritt weiter: Jerónimo de Pasamonte sei mit Avellaneda, dem Verfasser der apokryphen Fortsetzung, identisch. Er habe sich für die unfreundlichen Anspielungen auf seine Biographie im Ersten Teil durch die apokryphe Fortsetzung gerächt – und Cervantes habe seinerseits im Zweiten Teil zurückgeschlagen und Ginés/Jerónimo Pasamonte der Lächerlichkeit preisgegeben.
12 *Este Ginés, pues, temeroso de no ser hallado de la justicia, que le buscaba para castigarle de sus infinitas bellaquerías y delitos, que fueron tantos y tales, que él mismo compuso un gran volumen contándolos, determinó pasarse al reino de Aragón y cubrise el ojo izquierdo, acomodándose al oficio de titerero; que esto y el jugar de manos lo sabía hacer por estremo* (II,27).

habe. Es bleibt also nicht bei der Eigenbehauptung und der Aussage des Wärters im Ersten Teil. Wann Ginés aber das Buch weitergeführt habe und wie weit die Aufzeichnungen reichen, darüber ist nichts zu erfahren. Auf jeden Fall war der nächste Schreibort nach dem Gefängnis nicht die Galeere gewesen wie bei Guzmán. Auffallend ist nur die lächerliche Diskrepanz zwischen der pompösen Selbstanpreisung im ersten Gespräch mit Quijote und dem Auftritt als kleiner Trickdieb und Puppenspieler.

Wenn man diese verstreuten Hinweise als Erzählskizze für eine mögliche »cervantinische« *novela picaresca*, die Cervantes in dieser Form natürlich nie geschrieben hat,[13] zusammenfügt, dann fallen vor allem sowohl die Forderung nach einer chronologischen Linearität auf, die jeweils bis zum aktuellen Stand der Lebenserfahrung des fiktiven Ich-Erzählers reicht und nie, außer durch den Tod, abgeschlossen sein kann – als auch die entschiedene Weigerung einer nachträglichen Kausalisierung des Erzählablaufes oder der narrativen Argumentation. Die Fiktion einer Autobiographie lässt nur das Kontinuum der Zeit zu, wenn auch in unterschiedlichen Erzählschritten, und sie ließe konsequenterweise (was für Cervantes' eigenen Erzählstil viel folgenreicher wäre) nur den Verstehens- und Interessenhorizont des vorgeschobenen Ich-Erzählers zu. Aber gerade diese kompositorische Verklammerung des Lebenslaufes des Pikaro mit der Erzählintention und der kommentarlose Rückzug des Autors hinter die Erzählfi-

---

13 Horst Baader, »Die Pikareske als Formproblem bei Cervantes«, in: *Vorträge und Diskussionen des internationalen Kolloquiums der Deutschen Akademie der Wissenschaften zu Berlin über »Das literarische Werk von Miguel de Cervantes« (29. September – 1. Oktober 1966)*, Berlin 1967 (*Beiträge zur Romanischen Philologie, Cervantes-Sonderheft*), S. 35–39; Carlos Blanco Aguinaga, »Cervantes y la Picaresca«, in: *Nueva Revista de Filología Hispánica* 11 (1967) S. 313–342; Gustavo A. Alfaro, »Cervantes y la novela picaresca«, in: *Anales cervantinos* 10 (1971) S. 23–31; Christoph Strosetzki, *Miguel de Cervantes. Epoche – Werk – Wirkung*, München 1991, passim.

gur waren die entschieden charakteristischen Merkmale sowohl des *Lazarillo de Tormes* als auch des *Guzmán de Alfarache*.[14] Die Autoren beider Werke banden ihre narrative »Doppelstrategie« in die Autobiographie eines fiktiven Erzählers ein. Die nach dem Kanon der aristotelischen Poetik geforderte Wahrscheinlichkeit entwickelte sich aus der Lebenserfahrung und dem Wissenshorizont des Ich-Erzählers; keine kommentierende Instanz kommt ihm zu Hilfe.

Zwei Punkte sind es im Besonderen, die in Cervantes' Kritik an den pikaresken Vorbildern hervorzuheben sind: die argumentative Komposition einer *Vita*, einer Lebensgeschichte, nach einem apriorischen Wissen, das nur noch bestätigt werden möchte – und die Reduktion des gesellschaftlichen Erzählpanoramas auf den begrenzten Bildungs- und Erfahrungshorizont eines einzelnen Ich.

Ginés de Pasamontes ausdrücklicher Hinweis auf die Unabgeschlossenheit seiner *Vita* ist eine Distanzierung zur Erzählstrategie vor allem des *Guzmán*. Ginés stellt seine Biographie als eine vorläufige lineare Chronologie dar; er erzählt nacheinander, ohne aus einer Schlussperspektive die Vergangenheit nachträglich zu rechtfertigen. Er (und mit ihm der Autor) kritisiert die »dogmatische« Erzählweise aus dem Wissen des Endes als ein fiktionales, hypothetisches Konstrukt. Deshalb wird im Zweiten Teil des *Quijote* auf den möglichen aktuell-temporalen Erzählstand der *Vida de Ginés de Pasamonte* gar nicht mehr eingegangen, außer dass er mit seinen Schurkereien ein ganzes Buch gefüllt habe. Cervantes plädiert mit diesen Einwänden der Dialogpartner im *Quijote* für eine offene, undogmatische Erzählperspektive: Die Pikareske als Autobiographie müsse immer ohne Abschluss sein. Aber trotz der argumentativen Klammer erkennen auch die bei-

---

14 Rico ([4]1989); vgl. auch in diesem Band S. 15 ff. und S. 32 ff.

den Prototypen der *novela picaresca* jeweils die Vorläufigkeit ihrer Aussage an. Sowohl Lazarillo/Lázaro als auch Guzmán sprechen von Fortsetzungen: »Was weiter mir widerfuhr, werde ich Euer Gnaden noch berichten.« – »Aber wie ich wieder von den Galeeren freikam – und mein weiteres Leben, voll erstaunlicher Ereignisse, davon werde ich dir im Dritten Teil berichten.«[15]

Der unbekannte Autor des *Lazarillo* hat seinen Ich-Erzähler bzw. Briefbeantworter zwar aus dem Wissensstand eines »Dieners vieler Herren«, der sich so recht und schlecht durchschlägt, räsonieren lassen, aber die Zwischentöne dekuvrieren ihn als einen »Wissenden«, der sich hütet, gegen die herrschende Ordnung offen anzutreten. Lázaro weiß mehr, als er preisgibt. – Mit seinem *Guzmán* verlässt Mateo Alemán sowohl die lokal-geografische Enge als auch die sozialen Bildungsschranken. Um seinen Helden als »Leuchtturm des menschlichen Lebens« einzuführen, lässt er ihn die Skala des damaligen Wissensstandards sukzessive erklimmen; Guzmán ist ein Universalgenie. Nur so lässt sich sein »dogmatisches« Urteil begründen oder rechtfertigen.

Aber gerade an diesem letzten Punkt setzt Cervantes mit seiner Kritik an der Pikareske ein. Die konsequente Reduktion der Erzählperspektive auf die Erzählverantwortung des Ich-Erzählers war zwar der geniale Erzähltrick im *Lazarillo* wie im *Guzmán*, er bedingte aber auch eine Horizonteinengung bis zur Satire (durch bewusste Einseitigkeit oder Parteilichkeit) oder bis zur Parodie (durch vermeintliche Naivität als polemische Verstellung). Das Erzählkonzept, das dagegen Cervantes in allen seinen Prosawerken verfolgt, ist die erzähltechnische Offenheit. Er verzichtet auf eine einheitliche Erzählebene; sie ist

---

15 *Lazarillo*, Tratado VII: *De lo que aqui en adelante me sucediere, avisaré a vuestra merced.* – *Guzmán* II,3,11: *Pero el cómo me escapé de las galeras, y lo demás de mi vida, que fueron cosas extrañas, te diré en la tercera parte de mi historia.*

durch Autor, Herausgeber, Erzähler usw. mehrfach gebrochen. Auch das Erzählen selbst, die Fiktion und ihre Mechanismen werden zum Gegenstand wiederholter Dispute. Einzig im Dialog kommen einzelne Figuren direkt zu Wort; ihre jeweilige Sichtweise wird aber sogleich durch ein Gegenüber relativiert bzw. in Frage gestellt oder durch einen auktorialen Kommentator zurechtgerückt.[16] Deshalb sind auch die wenigen cervantinischen Varianten zur Pikareske in den *Novelas ejemplares* (1613)[17] entweder über »dritte Personen«, in welcher Art auch immer, mehrfach gebrochen oder durch die Dialogform geöffnet. Darauf gehe ich im Folgenden näher ein.

Besonders *Rinconete y Cortadillo* wird immer wieder als Beispiel einer cervantinischen *novela picaresca* angeführt.[18] Grund dafür ist vor allem die Sevillaner Gaunerzunft um Monipodio, die den Hauptteil der Geschichte einnimmt. Die Darstellung dieser anscheinend gut funktionierenden Sozietät ist aber eher eine »Verkehrte-Welt«-Geschichte, und zwar auf doppelte Weise. Zum einen dient sie als Gegenentwurf zur gesellschaftlichen Außenwelt, weil in dieser straff geführten Gemeinschaft jeder seine Aufgabe habe und sich des Schutzes der Mitglieder sicher sein könne. Sie wäre also das Idealbild einer intakten Ordnung, ganz im Sinne einer satirischen Umkehr der Verhältnisse zwischen pikarischem Milieu und staatlicher Öffentlichkeit. Zum anderen wiederholen sich aber im Detail die fraudistischen Kunstgriffe der herrschenden Gesellschaft auch in Monipodios Gaunerzunft.

Die beiden Titelhelden sind in Sevilla nur beobachtende Statisten, ihre pikaresken Lebenswege datieren aus der

---

16 Dies lässt sich sehr gut auch in der Szene mit den Galeerensträflingen (I,22) erkennen.
17 Zitiert nach: *Novelas Ejemplares*, Barcelona 1982; dt.: *Novellen*, vollst. Ausg. in der Übertr. von Adalbert Keller und Friedrich Notter, München 1958.
18 Sie erschien auch erstmals in deutscher Übersetzung gemeinsam mit dem *Lazarillo castigado* 1617 in Augsburg.

Zeit vor der Aufnahme in Monipodios Gaunerzunft. Beide sind von zu Hause weniger aus Not als vielmehr aus Langeweile und Abenteuerlust ausgebrochen. Am ehesten erinnert noch Cortadillos Kindheit an Lazarillo: Den Schneiderlehrling hätten die Enge des Dorflebens und die lieblose Behandlung durch seine Stiefmutter gestört; deshalb habe er sich auf den Weg gemacht.[19] Er schlägt sich unterwegs als Taschendieb durch. – Rinconete, Sohn eines Ablasskrämers, ist ausgerissen, weil er sich an den Einnahmen seines Vaters vergriffen hat. Er hält sich mit Taschenspielertricks über Wasser. Auf amüsante Weise erzählen sich beide ihr bisheriges Leben im Stile einer chevaleresken Konversation und beschließen, gemeinsam nach Sevilla zu ziehen, um dort ihr Glück zu versuchen. Unterwegs betrügen sie einen Maultiertreiber beim Kartenspiel und erleichtern eine Reisegesellschaft um einige Utensilien. In Sevilla verdingen sie sich als Lastträger und treiben ihr diebisches Gewerbe weiter, bis sie aufgefordert werden, sich der Gaunerzunft des Monipodio anzuschließen. Damit aber endet schon ihre pikareske Pilgerschaft. Nach kurzer Zeit durchschaut Rinconete die ganze Falschheit und Scheinheiligkeit der Gaunerzunft; denn »er war nicht dumm und hatte auch ein gutes Naturell«.[20] Er überredet seinen Freund, sich nicht länger auf dieses »so gänzlich verworfene, schlechte, unruhige, ungezügelte und gesetzlose Leben«[21] einzulassen. Was weiter mit ihnen geschah, sollte nach Aussage des Erzählers bei anderer Gelegenheit berichtet werden. Die Geschichte bleibt offen, sie wird mehr oder weniger unterbrochen oder abgebrochen, sie kommt ohne einen rechtfertigenden Erzählanlass aus.[22]

---

19 *Enfadóme la vida estrecha del aldea y del desamorado trato de mi madrastra; dejé mi pueblo, vine a Toledo* (S. 197).
20 *... de muy buen entendimiento, y tenía un buen natural* (S. 235).
21 *... no durasen mucho en aquella vida tan perdida y tan mala, tan inqieta y tan libre y tan disoluta* (S. 236).
22 Es sei denn, man nähme die ritualisierte Schlussformel ernst: *servir de ejemplo y aviso a los que lo leyeren*.

Cervantes und die Pikareske

Darin unterscheidet sie sich grundsätzlich sowohl vom *Lazarillo* als auch vom *Guzmán*.

Die Geschichte der beiden Ausreißer wird insgesamt in der 3. Person erzählt. Nur in der Eingangsszene, als sie sich kurz über ihre bisherigen Erlebnisse austauschen, sind Passagen in Ich-Form eingeschoben. Sie sind aber in ein Wechselgespräch eingebunden, sodass durch die Gegenrede jeweils eine Aussage relativiert oder zurechtgesetzt werden kann.[23] Und dazwischen meldet sich immer wieder ein alles überblickender Koordinator zu Wort, d. h. die Erzähleinstellungen changieren wie im *Quijote*. Genau dies war nicht das Erzählkonzept der *novela picaresca*, wie Cervantes es kannte und wie es sich bis zu Quevedos *Buscón*[24] fortsetzte. Cervantes verweigert sich auch in den Episoden, die man pikaresk nennen könnte, der Auflage, alles nur durch den prismatischen Winkel des Ich-Erzählers zu sehen.

Ein weiteres Beispiel ist in *La ilustre fregona* zu finden. Diese Novelle besteht aus zwei Teilen. Carriazo, ein junger Adliger aus Burgos, verlässt mit 13 Jahren sein Elternhaus. Nicht, weil seine Eltern ihn vielleicht schlecht behandelt hätten, und nicht aus Not, sondern aus Lust und Laune zieht er in die Welt und genießt das freie Leben bei den Thunfischern von Zahara. Er lebt unter Gaunern, lernt ihre Fertigkeiten und bringt es in drei Jahren zu respektabler Meisterschaft. Er wird schließlich so gewiefter Pikaro, »dass er auch dem berühmten Guzmán de Alfarache noch Vorlesungen halten könnte«.[25] Aber bei al-

---

[23] Ein ähnliches Verfahren ist in dem Hundegespräch *Coloquio de los perros* zu beobachten. Cipión schaltet sich mehrmals durch Nachfragen in Berganzas Bericht über dessen Erlebnisse mit verschiedenen Herren ein, um weitere Details zu erfahren oder Unklarheiten zu beseitigen.

[24] Es ist anzunehmen, dass Cervantes den Text durch Abschriften, die lange vor der Drucklegung kursierten, noch vor Veröffentlichung seiner *Novelas ejemplares* kennengelernt hat.

[25] *Finalmente, él salió tan bien con el asumpto de pícaro, que pudiera leer cátedra en la facultad al famoso de Alfarache* (S. 418).

lem vergisst er nie seine edle Herkunft: »Kurz, die Welt konnte in Carriazo das Beispiel eines tugendreichen, sauberen, gut erzogenen und überaus verständigen Pikaro sehen.«[26] Nach drei Jahren nimmt er Abschied von dem freien Leben an der Küste und verwandelt sich auf dem Heimweg allmählich wieder in einen sauber gekleideten Junker. Aber eine Hälfte seiner Seele bleibt bei den Thunfischern. Auch diese Geschichte wird in der 3. Person erzählt mit vielen kommentierenden Einschüben z. B. über den guten Charakter des Jungen und dass er zu keiner Zeit seine Herkunft vergesse. Das pikareske Leben wird als ein sozialer Freiraum auf Zeit beschrieben, als eine »Auszeit« von wohlbehüteter Ordnung.

Den Hauptteil der Geschichte bildet aber der zweite Ausbruch aus dieser Ordnung. Carriazo überredet einen Freund, heimlich mit ihm nach Zahara zurückzukehren. Unterwegs lernen sie in Toledo die bildhübsche Constanza kennen; sie ist die vornehme Scheuermagd. Avedaño verliebt sich in sie. Beide verdingen sich im Gasthof als Knechte, als *mozos de cocina*. Das glückliche Ende lässt nicht lange auf sich warten. Nach einigen Verwirrungen findet jeder wie im Märchen standesgemäß die richtige Braut: »So waren alle zufrieden, vergnügt und am Ziel ihrer Wünsche.«[27] Und sehr bald ist auch das pikareske Intermezzo vergessen; die beiden Ausreißer werden mustergültige Väter und Ehemänner.

Zu der »Pikareske auf Zeit« im Ersten Teil der *Ilustre fregona* kommt im Zweiten Teil die »Pikareske als ein Als-ob«. Gemeinsam ist beiden Varianten, dass sie als charakterliches Probierfeld dienen. Während im *Lazarillo* und im *Guzmán* nicht das Verhalten des *pícaro* auf der Waage liegt, sondern das Verhalten der repressiven Gesellschaft, geht es bei Cervantes nur um den Akteur selbst, ob

---

26 *En fin, en Carriazo, vio el mundo un pícaro virtuoso, limpio, bien criado y más que medianamente discreto* (S. 419).
27 *Desta manera quedaron todos contentos, alegres y satisfechos* (S. 478 f.).

er die Probe besteht oder nicht. Und dabei spielt die Herkunft keine Rolle, wenn auch die adligen Ausreißer etwas besser »wegkommen«[28] als die kleinen Landstreicher. Am Schluss steht aber immer ein versöhnender Ausblick, dass sich die jugendlichen Wirrköpfe eines Besseren besinnen.

Cervantes hatte gegenüber den pikaresken Bestsellern seiner Zeit nicht nur erzähltechnische, formale Veränderungswünsche (ich möchte dabei nochmals besonders auf die dogmatische Argumentationsstruktur der Ich-Perspektive durch ein apriorisches Wissen hinweisen), er hielt auch den gesellschaftlichen Determinismus[29] für eine Einengung der poetischen Freiheit; deshalb sind seine *pícaros* nicht notwendigerweise ausschließlich Outlaws, sie reichen vom Verbrecher und Angeber bis zum Adligen mit Lust zur Pikareske. Dem Pikaro fällt bei Cervantes nicht mehr die Aufgabe zu, die Welt von unten zu beobachten und zu beurteilen; dazu rekurriert Cervantes auf die Satire (z. B. die Sevillaner Gaunerzunft) oder die moralisierende Tiergeschichte (*Coloquio de los perros*). Der Pikaro ist nicht mehr der viel oder alles wissende »Turmwächter des menschlichen Lebens«. Das Urteil wird einem Erzähler überlassen oder generell einer Instanz, die mehr weiß als die Titelfiguren.

Die cervantinischen *pícaros* (z. B. in den *Novelas ejemplares* – eine Ausnahme, im *Quijote*, bleibt *La vida de Ginés de Pasamonte,* die zumindest der Entwurf zu einer Pi-

---

28 Dies ist eine gewisse Inkonsequenz in der Argumentation des Cervantes. Die »Charakterprobe« für die Adligen geschieht ohne Risiko; sie können es sich leisten, zum Vergnügen den Pikaro zu spielen. Selbst ihre moralische Bestätigung ist ein Hochseilakt mit Sicherheitsnetz. Und dort, wo die adlige Herkunft einer Person erst am Ende bekannt wird (*La ilustre fregona; La Gitanilla*), hat die Probe nur moral-ästhetische Bedeutung, denn der Geprüfte kehrt in seine für ihn vorsorglich geordnete Welt zurück. Statt dass seine Existenzform in Frage gestellt worden wäre, wurde sie durch dieses Spiel mit dem Als-ob vielmehr bestätigt und gefestigt.

29 Strosetzki (s. Anm. 13) S.154: »Die pessimistische Sicht des Pikaro, der von Geburt an ohne Ehre ist und in einer statisch definierten Gesellschaft gar keine Möglichkeit zum Aufstieg hat, teilt Cervantes nicht.«

kareske in Ich-Form ist), wenn man sie überhaupt so bezeichnen kann, sind weder durch ihre Herkunft noch durch ihren sozialen Status festgelegt. Ihre Neugier verführt sie zu einem pikaresken Intermezzo. Doch der auktoriale Erzähler entschuldigt sie durch ihr Jungsein und die noch fehlende soziale Erfahrung. Sie sind Meister ihres Faches, aber ohne ins Kriminelle abzugleiten. Die pikareske Existenz ist kein aus Not auferlegtes Außenseitertum, sondern ein potenzieller Freiraum, der gesellschaftliche Zwänge temporär außer Kraft setzt, nicht um sie aufzuheben, sondern um ihre Ordnung schaffende Kraft, um das Prinzip des Ausgleichs zwischen gesellschaftlicher Notwendigkeit und individueller Selbstentfaltung im glücklichen Ausgang der Geschichten zu dokumentieren. Die cervantinischen Geschichten entziehen sich jeglicher dogmatischen Ausschließlichkeit sowohl in der Rezeption der Wirklichkeit wie auch auf der poetologischen Ebene.

Der Landtstörtzer: Gusman von Alfarche oder Picaro genannt – Eine Pikareske im Dienste der Gegenreformation

1615 erschien in München eine deutsche Bearbeitung des *Guzmán de Alfarache* unter dem Titel *Der Landtstörtzer: Gusman von Alfarche oder Picaro genannt*.[1] Diese deutsche Version kann man nicht im eigentlichen Sinn eine Übersetzung nennen; denn ihr Autor, der Münchner Hofsekretär Aegidius Albertinus, hat aus der Vorlage, die er nur zum Teil benutzte, ein neues Werk geschaffen. Deshalb nannte man ihn auch den »Vater des deutschen Schelmenromans«.[2] Albertinus übersetzte nur den Ersten Teil des *Guzmán* sehr genau, allerdings ohne die langen *digresiones*. Statt der originalen Fortsetzung von 1604[3] benutzte er die apokryphe Fassung des Juan Martí.[4] Beide Teile lieferten ihm vor allem das autobiographische Material für die Romanhandlung. Albertinus nahm auf die sozio-historischen Implikationen des Originals keine Rücksicht. Er verfolgte eine andere Absicht als Mateo Alemán. Sein Gusman lebt nicht im Konflikt mit der Gesellschaft, sondern im Spannungsfeld zwischen Sünde und Gnade. Die einzelnen Etappen auf dem Lebensweg des Helden sind durch Warner markiert, die Gusman zur Abkehr von seinem sündhaften Lebenswandel aufrufen. Mehrmals wird Gusman gewarnt, bis er sich endlich bußfertig zeigt. Den Schluss gestaltet Albertinus neu: Gusman, der nach seiner dritten Heirat mit einer Gruppe von Schauspielern durch Spanien reist, muss wegen der Verschwendungssucht seiner Frau wieder stehlen. Er stiehlt nachts Mäntel, wird da-

---

1 Reprogr. Nachdr. Hildesheim 1975.
2 Karl von Reinhardstöttner, »Aegidius Albertinus, der Vater des deutschen Schelmenromans«, in: *Jahrbuch für Münchener Geschichte* (1888), S. 13–86.
3 Möglicherweise kannte er sie gar nicht.
4 Weitere Einzelheiten vgl. Rötzer (1972), S. 60 und 94 ff.

bei erwischt und zum Tod am Galgen verurteilt. Aber durch Vermittlung der Königin wird er zu drei Jahren Zwangsarbeit auf den Galeeren begnadigt. Im Gefängnis überreden ihn zwei Mönche zu beichten und die Sakramente zu empfangen. Gusman zeigt Reue. Damit endet der Erste Teil der albertinischen Version.

Der Zweite Teil, der keine spanische Vorlage hat, handelt von Gusmans endgültiger Bekehrung und wie er nach Verbüßung seiner Strafe die Welt verlässt. Im Wald beklagt Gusman den traurigen Zustand der Welt und seine eigene sündige Situation. Er kommt zu einem Einsiedler, der ihm von der tätigen Reue im tridentinischen Sinn (im Unterschied zur Angstreue) erzählt, ihn über die wahre Bekehrung belehrt und ihn auf eine Pilgerreise nach Jerusalem vorbereitet. Dieser Zweite Teil besteht fast nur aus Predigten und Belehrungen des Einsiedlers; Gusman selbst kommt kaum mehr zu Wort. Er erfährt von den drei Tagesreisen – nämlich Reue, Beichte und Buße –, die zum Himmel führen, und von den fünfundzwanzig Requisiten, die ein geistlicher Pilger auf seiner Reise braucht. Am Schluss des deutschen Zweiten Teils wird dann noch angedeutet, dass Gusman die Pilgerreise nach Jerusalem tatsächlich beginnt.

Wer war dieser Aegidius Albertinus,[5] der zu seiner Zeit zu den bekanntesten Autoren gehörte? Und welche Absicht verfolgte er mit dieser sonderbaren Mischung aus pikaresker Biographie und christlicher Lebenshilfe? Aegidius Albertinus wurde 1560 in Deventer[6] geboren. Nach der Einführung der Reformation in seiner Heimatstadt ging er nach München. Dort arbeitete er als Sekretär und Bibliothekar am Hofe des bayerischen Herzogs. Bayern war da-

---

5 Über Leben und Werk vgl. Guillaume van Gemert, *Die Werke des Aegidius Albertinus (1560–1620). Ein Beitrag zur Erforschung des deutschsprachigen Schrifttums der katholischen Reformbewegung in Bayern um 1600 und seiner Quellen*, Amsterdam 1979.
6 Dort hatte Erasmus von Rotterdam 1478–1485 die berühmte Kapitelschule besucht.

mals der politische und religiöse Mittelpunkt der Gegenreformation. Mit Hilfe der Jesuiten hatte der Herzog ein zentralistisches Regierungssystem eingeführt. Der Staat überwachte die Erziehung zur Rechtgläubigkeit, die gleichzeitig auch die zentralistische Macht des Herzogs festigen sollte. Mitten in den konfessionellen Frontbildungen, kurz vor Beginn des Dreißigjährigen Krieges, übernahm der bayerische Herzog die Führung des katholischen Lagers. Albertinus war ein begeisterter Anhänger des Herzogs; er nannte ihn eine Säule der katholischen Religion, in deren Dienst er als Hofsekretär seine literarische Tätigkeit stellte. Seine über fünfzig Werke sind eine volkstümliche Exegese der wichtigsten Dogmen der Gegenreformation. Vor allem ging es ihm um die Rechtfertigungslehre; denn kein anderes Dogma hat so entscheidend wie dieses die Auseinandersetzung jener Zeit bestimmt. Deshalb betonte Albertinus in seinen Werken immer wieder die Notwendigkeit der guten Werke, die aktive Mithilfe des Sünders an seiner Erlösung.

Mit seinem deutschen *Gusman* schrieb Albertinus eine allegorische Büßergeschichte. In ihr stellte er am Leitfaden eines pikaresken Lebensweges dar, was er in seinen anderen Schriften populärwissenschaftlich beschrieben hatte; denn die Elemente der volkstümlichen Erzählung, der bilderreichen Predigt und des allegorischen Exempels wirkten auf das Volk mehr als theologische Traktate. Die Kunst hatte im Rahmen der Gegenreformation eine genau bestimmte Aufgabe zu erfüllen; sie sollte mit ihren Mitteln die Gläubigen zur Buße vorbereiten. Als 1609 der *Cenodoxus* von Jakob Bidermann in München aufgeführt wurde, sollen sich nach der Vorstellung zahlreiche Hofleute zu Exerzitien zurückgezogen haben und der Darsteller des Titelhelden in den Jesuitenorden eingetreten sein.[7]

---

[7] Rolf Tarot im Nachwort zum *Cenodoxus*, dt. Übers. von Joachim Meichel (1635), bibliogr. erg. Ausg., Stuttgart 1986 [u. ö.], S. 161.

In der Vorrede beschreibt Albertinus in mehreren Gleichnisbildern das Leitthema seiner Geschichte. Die Welt sei ein Ort der Eitelkeiten (*vanitas mundi*); der Tod mache alles gleich (*omnia mors aequat*). Niemand dürfe sich in der Welt, dem Ort der Sünde, häuslich einrichten; durch aktive Buße müsse man sich auf die Heimreise in das himmlische Jerusalem vorbereiten. Die Geschichte des Gusman ist das nachträgliche szenische Beispiel der apriorischen Definition der Welt. Dieses Prinzip des syllogistischen Verfahrens war schon im spanischen *Guzmán* nachzuweisen; es gehört zur scholastischen Tradition. Aber die Art, wie Alemán es eingesetzt hat, unterscheidet sich in wichtigen Punkten von der Variante im deutschen *Gusman*. Der spanische Guzmán war in ein und derselben Person Getäuschter (*engañado*) und Ent-Täuschter (*desengañado*). Beide Positionen waren nur durch die Zeit getrennt: Der »ent-täuschte« Guzmán reflektiert über sich, als er noch ein »Getäuschter« war. Guzmán ringt sich ohne fremde Hilfe zum »Ent-Täuschten« durch. Allmählich nähert er sich im Verlauf seines Lebens dem Erkenntnisstand, den er am Ende als Erzähler seines Lebens hat. Die Stufen seines Lebensweges führen ihn zu dem Entschluss, seine guten Werke als Kapital auf der Bank Gottes einzuzahlen. Das heißt, der Beweisgang wird nicht von einer übergreifenden Instanz beeinflusst, die über Guzmán verfügt; er handelt als sich selbst verantwortliches Individuum. Davon ist im deutschen *Gusman* nichts zu finden. Gusman bleibt bis zum Ende seines Lebens unmündig; er ist durch die Warner und den Einsiedler auf das Lehramt der Institution Kirche angewiesen. Es gelingt ihm nicht, sich aus eigener Kraft von der »Täuschung« (*engaño*) zu befreien. Die Funktion eines »Turmwächters des menschlichen Lebens« wird als Vorrecht der Kirche dargestellt, sie allein kann das Heil vermitteln: *nulla salus extra ecclesiam*. Ohne die Kirche, so das Fazit der pikaresken Lehrepistel, sei Rettung nicht möglich. Deshalb hat

Albertinus in seinem *Gusman* die personelle Einheit von Täuschung und Ent-Täuschung wieder aufgehoben. Im Ersten Teil wird Gusman von Vertretern der Kirche mehrmals gewarnt und darauf vorbereitet, sein sündhaftes Leben aufzugeben und Buße zu tun; dieser Teil ist der Bereich der Sünde. Hier tritt Gusman als Handelnder auf. Der Zweite Teil, der belehren soll, hat keine Handlung. Dem Gusman des Albertinus ist nur das Terrain des »luziferischen Königreichs«, wie der Autor es in einem anderen Werk[8] nennt, überlassen; hier darf er agieren, handeln, ein pikareskes Leben führen. Im Zweiten Teil aber, in »Christi Königreich« (auch das ein Werktitel) darf er nur an der Hand eines Geistlichen eintreten.

Man darf also wohl mit gutem Grund sagen, dass der erste deutsche Pikaro-Roman ein religiöses Lehrwerk ist,[9] dessen gegenreformatorische Thesen nur hinter der Geschichte eines sündhaften Lebenswandels versteckt sind; die Handlung selbst ist sozusagen[10] der süße Überguss über die bittere Pille der moralischen Belehrung. Der Leser soll den Nutzen (*prodesse*) durch vermeintliches Ergötzen (*delectare*) erfahren, um sich zur Umkehr bewegen zu lassen (*movere*). Die vorausgestellte Handlung ist der pädagogische Trick, um auch die Belehrung genießbar erscheinen zu lassen.[11] So wandelt sich der deutsche Gusman aus einem Pilger in »Luzifers Königreich« (Erster Teil) zu einem Pilger in »Christi Königreich« (Zweiter Teil); denn er nimmt die Belehrung der Kirche an. Dies

---

8 *Lucifers Königreich und Seelengejaidt*, hrsg. von Rochus Frh. von Liliencron, Berlin/Stuttgart 1883 (*Deutsche National-Litteratur*, Bd. 26).
9 Eine detaillierte katechetische Interpretation des *Gusman*, mit Blick auf die umfassende albertinische Traktatliteratur, versucht Guillaume van Gemert: »Funktionswandel des Pícaro. Albertinus' deutscher ›Gusman‹ von 1615«, in: *Battafarano* (1989), S. 91–117.
10 Das Bild von der verzuckerten Pille war eines der bekanntesten Emblemata im Barock.
11 Dieser Dreischritt nach Horaz war ein Standard der Barockpoetiken.

heißt generell für den deutschen *Gusman*: Die weltliche pikareske Pilgerschaft wandelt sich in eine religiöse. Gusman (ein weiteres von Albertinus benutztes Gleichnis) kehrt wie der verlorene Sohn reumütig in das Vaterhaus zurück. Die Vernunft hat über die Affekte gesiegt; der Turbulenz des Ersten Teils folgt die Ruhe in der Einsamkeit des Waldes. Oder um ein weiteres beliebtes Diktum im Barock zu bemühen: Auf die Unbeständigkeit in der Welt (*inconstantia mundi*) folgt die Sicherheit im Glauben.[12]

Wie sehr Albertinus seinen *Gusman* nach dem Dreischritt des Bußsakraments ausgerichtet hat, zeigt die Ankündigung am Schluss des Zweiten Teils, dass er in einem Dritten Teil über die wirkliche Reise nach Jerusalem berichten werde;[13] denn auf die »Zerknirschung« (*contritio*), resultierend aus dem sündhaften Leben im Ersten Teil, sollte, nach der »Beichte« (*confessio*) und Belehrung im Zweiten Teil, noch die »Genugtuung« (*satisfactio*) folgen: Gusman sollte als religiöser Pilger nach Jerusalem ziehen. Diese Bußreise, diesen Dritten Teil, hat aber ein anderer Autor mit anderen Vorgaben geschrieben.[14]

In der mittelalterlichen Tradition des Textverständnisses hatte jeder Text einen mehrfachen Sinn. Man sprach zunächst von einem physischen und pneumatischen Sinn der Texte, d. h. von einem wörtlichen und einem übertragenen Sinn. Dieses Schema wurde zur vierfachen Textdeutung

---

12 Grimmelshausen zitiert später das Wortspiel, dass die Unbeständigkeit die einzige Beständigkeit in der Welt sei.
13 »... wie es nemblich mir auff der Reiß gen Jerusalem ergangen, was ich daselbst für buß gethan / ...« (S. 723).
14 Martinus Frewdenhold, *Der Landtstörtzer GUSMAN, Von Alfarche, oder Pikaro genant*, Dritter Theil, Frankfurt [a. M.] 1626; Guillaume van Gemert, »Martin Frewdenholds *Gusman*-Fortsetzung: Struktur – Einordnung – Verfasserfrage«, in: »*Der Buchstab tödt – der Geist macht lebendig«. Festschrift zum 60. Geburtstag von Hans-Gert Roloff von Freunden, Schülern und Kollegen*, hrsg. von James Hardin und Jörg Jungmayr, Bern [u. a.] 1992, S. 739–759; G. v. G., »Zur deutschen *Gusman*-Trilogie: Quellenverwertung und neue Sinngebung«, in: Raders (1995), S. 17–36.

erweitert. Der Merkvers lautete: *Littera gesta docet, quid credas allegoria, / moralis quid agas, quo tendas anagogia.*[15] So ließ sich jeder Text nach dem Erzählinhalt (*littera*), der Bedeutung (*allegoria*), der Anwendbarkeit (*moralis*) und der Heilsbedeutung (*anagogia*) lesen und verstehen. Dieses Schema war für viele Arbeiten des Albertinus bestimmend, auch für seinen *Gusman*; der Einsiedler erklärt es dem bußfertigen Gusman am Beispiel der Stadt Jerusalem. Nach der vierfachen Auslegung war Jerusalem wörtlich die historische Stadt der Juden, allegorisch die Kirche Christi, moralisch die menschliche Seele und anagogisch die himmlische Stadt Gottes; sie ist das Ziel der religiösen Pilgerschaft: »Wann du O Pilgram / aller deiner tugenten beraubt bist / thue auch also[16] / gehe im Liecht deß Glaubens zu jener grossen Himmlischen Statt Jerusalem.«

---

15 »Das Geschriebene erzählt von den Taten, – die Allegorie, was du glauben sollst, / die Moral, was du tun sollst, – die Anagogie, wonach du verlangen sollst.« Einzelheiten bei Heinrich Lausberg, *Handbuch der literarischen Rhetorik*, Bd. 1, München 1960, S. 444 f.
16 Der Einsiedler bezieht sich auf das Bild des weltlichen Wanderers, der sich durch Betteln nach Hause durchschlägt (Ausg., s. Anm. 1, S. 704 f.).

L'Aventurier Buscon. Histoire facecieuse[1] – Ein pikareskes Happy End

Quevedos *Buscón* wurde bereits sieben Jahre nach Erscheinen des Erstdrucks ins Französische übersetzt. Dieser *Aventurier Buscon* von 1633 war aber alles andere als eine wortgetreue Übersetzung;[2] denn wie schon Aegidius Albertinus bei seinem deutschen *Gusman de Alfarche*, so griff auch der französische Anonymus[3] bei seiner Version des *Buscon*[4] entschieden in den ursprünglichen Verlauf der Geschichte ein. Während der Buscón des Originals in seinem Bestreben nach gesellschaftlicher Reputation nicht nur scheitert, sondern sogar in einen Mord verwickelt wird und mit einer Dirne auf der Flucht vor der Justiz nach Amerika entkommen will – dies alles für Quevedo ein Beweis der erblich determinierten Delinquenz seiner Figur –, gelingt dem französischen Aventurier Buscon, wenn auch nicht ganz ohne List und heuchlerische Verstellung, ohne große Rückschläge die glückliche Einheirat in die Familie eines Großkaufmanns, der durch überseeische Geschäfte reich geworden war. Dieses Glück verspricht sogar von Dauer zu sein, da die ehrliche gegenseitige Zuneigung der beiden Liebenden das anfängliche Betrugsspiel vergessen lässt.

Um sich klar zu werden, wie sehr dieses »Happy End« Quevedos Intention zuwiderläuft und sie geradezu *ad absurdum* führt, lohnt es sich, nochmals auf das Original zu

---

1 Teilweise überarb. und erg. nach der Vorlage: »Die Metamorphosen des Pikaro«, in: *Daphnis* 10 (1981) S. 257–268.
2 Paris: Pierre Billaine, 1633.
3 Der Übersetzer nennt sich La Geneste. Andreas Stoll vermutete in seiner umfangreichen Studie (*Scarron als Übersetzer Quevedos*, Diss. Frankfurt a. M. 1970), dass sich hinter dem Pseudonym Paul Scarron, der Autor des *Roman comique* (1651), verberge.
4 Im laufenden Text steht *Buscón* für das spanische Original, *Buscon* für die französische Version; dies gilt auch für die Figur selbst.

blicken. Dort ist die Handlungsstruktur durch die thematische und kompositorische Klammer des zweimaligen Auftritts von Don Diego bestimmt. Er protegiert Buscón, solange dieser das Verhältnis von Herr und Knecht respektiert; sobald er sich aber selbst die Privilegien eines Feudalherrn anmaßt und damit die altchristlich-orthodoxe Ständeordnung gefährden könnte, wird er entlarvt und öffentlich verstoßen. Der Vertreter des Feudaladels zeigt dem rechtlosen Parvenu, dem *converso*,[5] die gesellschaftlichen Grenzen. Buscóns Verlangen nach Überlegenheit realisiert sich am Ende in depravierender Umkehr des Ziels: Buscón wird ein berühmter Gauner; der einzige Aufstieg, den seine schändliche, d. h. (nach Quevedo) »unreine« Herkunft zuließ. Diese deterministische Argumentation, so hat es Andreas Stoll detailliert erläutert,[6] hätte das französische Publikum wohl kaum goutiert, auch wenn sie nicht als rassische Diskriminierung, sondern nur als Beweis für die moralische Überlegenheit hoher Standespersonen gedacht gewesen wäre. Der *honneur*-Begriff habe im Gegensatz zum rein formalen Standesattribut der spanischen *honra* gegen die Mitte des 17. Jahrhunderts nicht mehr von dem Persönlichkeitsideal des *honnête homme* gelöst werden können,[7] das die Privilegien der Geburt und des Standes zumindest potenziell aufhob. Im *Aventurier Buscon* ist die Aufstiegserwartung einer neuen Öffentlichkeit in eine literarische Fiktion projiziert. Der französische Titelheld sucht seinen Vorteil durch Einheirat in eine Kaufmannsfamilie, deren wirtschaftliche Basis Ansehen und Glück besser garantiert als die immer fragwürdiger werdenden Standesprivilegien. Der neue, glückliche Ausgang der Geschichte ist in gewisser Weise ein märchenhafter Schluss, eine vorweggenommene Wunscherfüllung frühbürgerlicher Emanzipation, zumindest aber ein

---

5 Vgl. das Kapitel »Subversive Affirmation«, oben S. 49 ff.
6 Stoll (1973), S. 506 ff.
7 Stoll (s. Anm. 3), S. 89.

»Indiz eines kaufmännischen bürgerlichen Bewusstseins«, wie Dieter Reichardt es formulierte.[8]

Um dem neuen Ausgang der Geschichte auch einen gewissen Grad von Wahrscheinlichkeit zu verleihen, änderte der Anonymus seine Vorlage gegen Ende in wesentlichen Punkten; es entstand ein neuer Roman.[9] Don Diego, dem Quevedo die Rolle zugewiesen hatte, den *pícaro* zu entlarven und zu bestrafen, taucht zum Schluss nicht mehr auf. Der französische Bearbeiter drängte die Bedeutung des Adels zurück; weder übertrug er ihm die Aufgabe, Wächter einer feudalistischen Ordnung zu sein, noch führte er seinen Titelhelden, wie es Quevedo tat, in die Versuchung, hohe Standesprivilegien usurpieren zu wollen. Deutlich ist zu beobachten, wie die Darstellung einer starren Ständestruktur vermieden wird, ohne dass gleichzeitig die tatsächlichen Rangunterschiede aufgehoben werden. Buscons Glücksstreben hat ein anderes Ziel: Wohlstand sieht er nicht mehr durch fragwürdig gewordene Privilegien, sondern durch eine sichere Kapitalbasis garantiert. Der neue Buscon ist ein bürgerlicher Glücksritter; in seiner fiktiven Autobiographie »meldet sich der Anspruch auf ein Glück an, das sich ohne ererbte Privilegien uneingeschränkt erreichen lässt«.[10] Dieser glückhafte Wohlstand ist bezeichnenderweise in der Kaufmannschaft angesiedelt; ihn zu bewahren, bedarf es anderer Tugenden und Fertigkeiten,

---

8 Reichardt (1970), S. 66. Dieser heute allgemein akzeptierten Interpretation widerspricht immer noch Alberto Martino: »Der deutsche *Buscón* (1671) und der literatursoziologische Mythos der Verbürgerlichung des Pikaro«, in: *Daphnis* 30 (2001) S. 219–332. Vgl. dazu meine Erwiderung: »Die ›Verbürgerlichung des Pikaro‹ – nur ein Mythos?«, in: *Daphnis* (32) (2003) S. 721–728.

9 Der neue Schluss der französischen Version ist zwar kein Originalbeitrag des Übersetzers. Vielmehr übernahm er für seinen erstrebten glücklichen Ausgang wichtige Details aus *El pícaro amante* (1624) von José Camerino. Vgl. dazu den Beitrag von Cécile Cavillac: »›El Pícaro Amante‹ de José Camerino et ›L'Aventurier Buscon‹ de La Geneste«, in: *Revue de littérature comparée* 47 (1973) S. 399–411.

10 Reichardt (1970), S. 67.

als die Feudalgesellschaft sie kannte. Redlichkeit, Zuverlässigkeit und solides Geschäftsgebaren sind die moralischen Grundlagen des bürgerlichen Handelns; denn sie begründen die Kreditfähigkeit. Der Aventurier Buscon lebt zwar nicht immer nach den Maximen des kaufmännischen Denkens, aber im Besitz der materiellen Basis entschließt er sich, seinen Lebenswandel zu ändern. Sein Wohlverhalten im letzten Teil, nach ehrloser Herkunft und pikareskem Leben, resultiert aus der Angst, sein Glück wieder verlieren zu können. Der neue Tugendkatalog ist nicht mehr in transzendenter Dogmatik, sondern in der notwendigen Arbeitsmoral des Kaufmannsstandes verankert. Die pikareske Lebensphase ist nur das argumentative Vorspiel zur Bestätigung der Kaufmannsideologie. Die »Läuterung« des Helden vollzieht sich nicht mehr transzendent, sondern weltimmanent: Glück durch kaufmännische Klugheit.

Zwar wird der glückliche Ausgang der Geschichte noch durch ein schwankhaftes Betrugsmanöver eingeleitet – Buscon stellt sich der Familie seiner Auserwählten als adliger Herr vor; und die Familie, darüber glücklich, glaubt durch diese Heirat ihren wirtschaftlichen Reichtum mit einem Adligen krönen zu können –; aber dieser Betrug ist sehr schnell vergessen, sobald Buscon seine pikareske Vergangenheit abstreift und ein umsichtiger Verwalter seines unverhofft erworbenen Reichtums wird. Zweifelsohne hat der Anonymus in den galanten Werbeszenen und durch das Diktum, dass die reine Liebe alles besiege, Elemente des hohen Romans, wenn auch leicht ironisch verfremdet, in seine literarische Metamorphose aufgenommen. Er hat aber die Idealität des höfischen Romans – gemeint sind die märchenhaften Züge – auf die Ebene des Bürgertums übertragen und im Bezugssystem einer geldwirtschaftlichen Prosperität konkretisiert. Dies sollte Folgen für die weitere Entwicklung des »bürgerlichen« Romans in Europa haben; denn seinen Weg nach Europa begann Quevedos negativer Held nicht in angemessener Übersetzung des Originals, sondern in Gestalt dieses ganz und gar anderen *Aventurier Buscon*. Er blieb bis ins 18. Jahrhundert die außerspanische Textvorlage.

The English Rogue[1] – Einstieg in die Handelswelt

Die fiktive Autobiographie Meriton Latroons gilt als der wichtigste Beitrag Englands zur pikaresken Literatur des 17. Jahrhunderts.[2] Sie erschien 1665 unter dem Titel *The English Rogue: described in the Life of Meriton Latroon*.[3] Ihr Autor war Richard Head, ein Londoner Buchhändler, der sich nach dem Verlust seines Vermögens mit Auftragsarbeiten über Wasser hielt.[4] In einem längeren Vorwort versucht Head vorweg den Vorwurf zu entkräften, er ahme nur die Spanier nach, presse den Saft aus ihren Werken und gebe ein paar eigene Zutaten bei: *But some may say, that this is but* actum agere, *a collection out of Guzman, Buscon, or some others that have writ upon this subjects*. Nicht einen einzigen Geistestropfen habe er aus ihnen herausgepresst: *As if we could not produce an English Rogue of our own, without being beholding to other nations for him*. Dieser Rechtfertigungsversuch hat seinen guten Grund; denn die bedeutendsten Beispiele der spanischen *novela picaresca* waren in England durch Übersetzungen und Bearbeitungen bereits bekannt und weit verbreitet.[5] Wer in der pikaresken Manier schrieb, geriet schnell in den Verdacht, ein Plagiator zu sein.

Head überschrieb die Geschichte des Meriton Latroon *The English Rogue*. Damit spielte er bewusst auf *The Rogue* (1622), auf James Mabbes Version des *Guzmán de Alfarache*, an.[6] Obwohl er behauptet, er habe einen eigenen,

---

1 Teilweise aus der Vorlage: »*The English Rogue* in Deutschland«, in: *Argenis* 2 (1978) S. 229–247.
2 Parker (1971), S.156; Richard Bjornson, »The Picaresque Novel in France, England and Germany«, in: *Comparative Literature* 29 (1977) S. 124–147.
3 Im Folgenden zitiert nach dem reprographischen Nachdruck: London 1874; weiterer reprographischer Nachdruck: London 1928.
4 *The Dictionary of National Biography*, London 1921/22, Bd. 9, S. 326–328.
5 Bjornson (1977), S. 139 ff.
6 Ernest J. Moncada, *An Analysis of James Mabbe's Translation of Mateo Alemán's »Guzmán de Alfarache«*, Diss. Maryland 1966.

Richard Head, *The English Rogue*. Auf dem Frontispiz zur zweiten Ausgabe von 1666 ist der Autor selbst porträtiert

einen englischen *Rogue* geschaffen, verrät er gerade durch die wiederholte Betonung nationaler Eigenständigkeit, wie sehr sein Bericht unter dem Einfluss pikaresker Vorbilder steht. Im Vorwort berichtet Head weiter, dass diese Geschichte nicht sein eigener Lebensbericht sei. Er gebe nur wieder, was ihm der Titelheld nach seiner Läuterung über sein früheres Leben erzählt habe. So könne der Leser, wie es im späteren Brief an den Leser heißt, durch fremde Erfahrung klug werden und über die Folgen eines lasterhaften Lebens belehrt werden, ohne es selbst praktiziert zu haben. Nicht anders führte Alemán seinen Helden ein, nicht anders rechtfertigte er die Veröffentlichung der Lebensbeichte.

Wie seine spanischen Vettern Lazarillo, Guzmán und Buscón beginnt auch Latroon[7] seinen Bericht mit der Geschichte seiner Eltern, gleichsam als Entschuldigung für sein späteres Verhalten. Der Vater, Sohn eines rechtschaffenen Bauern, mehr vom Affekt als von der Vernunft geleitet – dies ein immer wiederkehrender Gemeinplatz der zeitgenössischen Tugendlehre –, war auf Kosten eines adligen Herrn zur Schule und auf die Universität geschickt worden. Seine leichte Auffassungsgabe verleitete ihn, sich weniger um die Bücher zu kümmern und lieber lockeren Umgang zu suchen, sodass er schließlich relegiert wurde. Zu Hause spielt er den Hochstudierten, eine Tochter aus reichem Hause fällt auf ihn herein; und noch ehe die Heirat beschlossen ist, fühlt Latroons Mutter sich schwanger. Um dem Gerede zu entgehen, nimmt der Vater eine Kaplanstelle in Irland an. Er schlüpft scheinheilig in die Rolle eines frommen Puritaners. Der irische Aufstand von 1641 bereitet der Idylle ein schnelles Ende. Die Familie flieht nach England, der Vater wird von den Aufständischen erschlagen. Die Mutter, mittellos, ist auf die Hilfe ihrer Mit-

---

7 Ein sprechender Name nach dem spanischen Wort *ladrón* ›Räuber‹, ›Dieb‹, ›Gauner‹.

menschen angewiesen. Um überleben zu können, wechselt sie von Ort zu Ort ihre Konfessionszugehörigkeit.

Die Geschichte der Eltern weist trotz des veränderten lokalen und historischen Kolorits deutliche Parallelen zur spanischen *novela picaresca* auf. Die voreheliche Empfängnis und die Umstände der Geburt sind bereits topischer Bestand der pikaresken Erzähltradition. Und auch die latente Kontroverse in den spanischen Originalen zwischen *conversos* und *cristianos viejos* taucht bei Head, wenn auch in veränderter Zusammensetzung der Kontrahenten, wieder auf. Gemeinsam ist den Geschichten des *pícaro* wie des englischen *rogue* die entlarvende Satire auf den konfessionellen Opportunismus, durch den einzelne Gruppen oder Sekten gesellschaftliche und wirtschaftliche Privilegien für sich retten wollen.

Auch Latroon hat wie sein Vater wenig Freude an der Schule. Er flieht aus der Schule, gerät in eine Zigeunergruppe und lernt deren freies Leben kennen. Kurz darauf tritt er in eine Londoner Bettlerzunft ein, die ähnlich straff organisiert ist wie die römische Bettlerzunft im *Guzmán*. Als ihn ein Kaufmann aus Mitleid aufnimmt, scheint sich für Latroon ein neues Leben anzubahnen; doch der Friede dauert nicht lange. Er gerät in die Gesellschaft diebischer Gehilfen, die, um ihre nächtlichen Gelage und ihre Geliebten zu finanzieren, ihre Lehrherren bestehlen. So beginnt das Lasterleben von Neuem. Nach manchem schlimmen Abenteuer muss er fliehen. Er wird Landstreicher. Die Not zwingt ihn, reumütig zu seinem Herrn zurückzukehren. Dieser nimmt ihn auch wieder auf. Aber von Stufe zu Stufe steigern sich Latroons Vergehen. Aus dem diebischen Lehrling wird ein skrupelloser Kaufmann, der seinen alten Lehrherrn in den Schuldturm bringt, nach dessen Tod das ganze Vermögen an sich reißt und es bedenkenlos verjubelt. Wieder ist er plötzlich mittellos; aber er ist nicht mehr der kleine Gauner von früher. Wie er sich als Kaufmann in seinen Handelsmanipulationen ins Maßlose gesteigert hatte, so wird er jetzt ein berüchtigter Straßenräuber, ein *highwayman*. Doch nach mehreren Raubzügen wird er gefasst und nach Newgate gebracht. Dort, in Erwartung des Todesurteils, überfällt ihn, aus Furcht vor den Höllenstrafen, die Reue. Er legt eine Generalbeichte ab: *being confident I had made my peace above.*[8]

Bis hierher – es sind 59 der insgesamt 76 Kapitel – ist man immer wieder versucht, den *English Rogue* mit dem spanischen *Guzmán* bzw. mit Mabbes englischer Version *The Rogue* zu vergleichen. Beide Gestalten haben sich im Verlauf ihrer Biographie zu Monstren entwickelt; beide haben immer größere Verbrechen begangen, als Outlaw wie als Kaufmann und Makler; beide lassen ihr bisheriges verfehltes Leben nochmals Revue passieren – allerdings mit einem wesentlichen Unterschied: Während Guzmán mit all seinen Taten, so spektakulär sie auch sind, immer noch hinter den kriminellen Tagesgepflogenheiten derer, denen sein Bericht zur Warnung dienen soll, zurückbleibt, ist Latroon ein wirklicher Verbrecher, der die Ordnung gefährdet; seine Geschichte gehört, zumindest bis zu diesem Punkt, in die Reihe der damals populären *Criminal Biographies*[9]. Aber die Geschichte geht unverhofft weiter. Und wie sie bis zu Latroons Einlieferung nach Newgate dem *Guzmán* verpflichtet ist, so folgt sie nun in ihrem glücklichen Ausgang dem französischen *Aventurier Buscon*.

Die originale Fassung des *Buscón* (1626) war zu Heads Zeiten in England noch unbekannt. Man las die Geschichte in einer Übersetzung von John Davies of Kidwelly: *The Life and Adventures of Buscon* (1657)[10] nach der wesent-

---

8 Ausg. (s. Anm. 3), S. 407.
9 Chandler (1907), S. 211 ff.
10 P. E. Russell, »English Seventeenth-Century Interpretations of Spanish Literature«, in: *Atlante* 1 (1953) S. 65–77, hier: S. 74; Henry Thomas, »The English Translations of Quevedo's *La Vida del Buscón*«, in: *Revue Hispanique* 81 (1933) S. 282–299.

lich veränderten französischen Version: *L'Aventurier Buscon* (1633).[11] Latroon wird im letzten Moment zu sieben Jahren Verbannung begnadigt. Das Schiff, das ihn in die Verbannung bringen soll, strandet an der iberischen Küste. Latroon kann entfliehen. Er heuert auf einem englischen Schiff an und nach vielen exotischen Abenteuern landet er schließlich in Bantam. Er erinnert sich seiner kaufmännischen Fähigkeiten, übervorteilt die einheimischen Händler und heiratet zum guten Ende eine reiche indische Teehausbesitzerin *according to the Ceremonies of the Church by an English Priest.*[12] Da der Gewürzhandel ihm hohen Gewinn einbringt, kann er es sich erlauben, wieder ein ehrlicher Kaufmann zu sein: *I fancy'd my life to be now as happy as the world could make it.* Damit endet die Geschichte, soweit Head sie erzählt hat.

Der soziologische Hintergrund des *English Rogue* ist das städtische Handels- und Handwerkerwesen. Früher als in anderen Ländern hatte sich in England – nicht zuletzt unter dem Einfluss des calvinisch-puritanischen Arbeitsethos – ein neuer, realistischer Typus von Erzählungen aus dem Handwerker- und Kaufmannsmilieu entwickelt. Zwar lebte in diesen Erzählungen noch manches aus der Schwanktradition weiter, aber der berufliche Alltag war nicht mehr nur dekorativer Hintergrund für lustige Geschichten: Die Berufe selbst wurden zum Gegenstand detaillierter Schilderungen. Ein frühes Beispiel dafür ist Thomas Deloneys *Jack of Newburie* (1597), die Erfolgsgeschichte eines Tuchweberlehrlings, der zu einem angesehenen Manufakturbesitzer aufstieg, den sogar der König mit seinem Besuch beehrte.

Die Londoner Bürgerschaft, reich geworden durch den Schiffsbau und im Überseehandel, entwickelte sich in der ersten Hälfte des 17. Jahrhunderts zu einem wichtigen

---

11 Einzelheiten dazu in dem Kapitel über den französischen *Buscon*, oben S. 74 ff.
12 Ausg. (s. Anm. 3), S. 462.

wirtschaftlichen und politischen Machtfaktor. Durch ihre finanzielle Unterstützung des Cromwell'schen Parlamentsheeres trug sie entscheidend zum Sieg über die königliche Partei bei und stärkte die republikanischen Rechte des Parlaments (1649), die auch in der Restauration nach der Rückkehr der Stuarts (1660) nicht mehr beseitigt wurden. Das Selbstbewusstsein der Kaufleute und Handwerker, wie es sich in der Literatur dokumentierte, war begründet. Deshalb wird es auch verständlich, warum Head die ursprüngliche pikareske Erzählweise, nämlich die negative Perspektive, überwand und die Geschichte seines Helden zu einem guten Schluss im Sinne seiner städtischen Leser führte. Den erzähltechnischen Kunstgriff zu dieser Wendung konnte er in der englischen Übersetzung des französischen *Aventurier Buscon* finden, mit dem die Metamorphose des Pikaro, seine Domestizierung in der bürgerlichen Handelswelt, begann.

Dafür dass die Wende zu einem glücklichen Ende in kaufmännischer Prosperität nicht nur ein zufälliger Schluss war, sondern auch gezielt auf gesellschaftlichen Argumenten basierte, sprechen Latroons abschließende Reflexionen; denn am Schluss, wieder im Stande weltlicher Ehrbarkeit, zieht Latroon nochmals die Summe seines Lebens. Dieses letzte Kapitel ist sehr aufschlussreich; es ist das Programm der religiös fundierten Arbeitsmoral einer berufsständischen Gesellschaft, deren Zusammenleben durch straffe Gesetzgebung geregelt ist. Die Arbeit, die Initiative des Einzelnen, nicht Herkunft und Stand, sind der Gradmesser gesellschaftlicher Reputation. So werden Müßiggang und Schmarotzertum, trotz des verbalen Rekurses auf den moraltheologischen Laster- und Tugendkatalog, zu Vergehen gegen die bürgerliche Arbeitsordnung: *Experience giveth us to understand, that he which first disorders himself, troubles all the company.* Und umgekehrt: Wer sich einordne und rechtschaffen arbeite, der sei auch *sub specie aeternitatis* gerechtfertigt. Das Resümee lautet kurz und bündig:

Bene vive, ordinabiliter tibi, sociabiliter Proximo, et humiliter Deo.[13] Wer diese Maxime befolge, dem gehe es, im Vorgriff auf die transzendente Erlösung, bereits in dieser Welt gut. Eine solche Argumentation kannte die spanische *novela picaresca* nicht. Die Bußfertigkeit des Helden blieb ohne Rückwirkung auf seinen sozialen Status; die Rechtfertigung blieb spiritueller Art; dies verstand man weder in Frankreich noch in England.[14]

---

13 »Lebe anständig und gut, ordentlich dir gegenüber, in gesellschaftlicher Verantwortung zum Nächsten und demütig vor Gott!« (S. 464)
14 Heads *English Rogue* wurde 1671 durch Francis Kirkman in drei Fortsetzungsbänden weitergeführt, aber Latroon kommt kaum mehr zu Wort. Um nämlich weiter über englische Verhältnisse berichten zu können, führte Kirkman neue Figuren ein, die Latroon nun ihrerseits ihre eigenen pikaresken Viten erzählen. Zum Schluss kehrt Latroon nach dem Selbstmord seiner Frau nach Europa zurück. In Sizilien verkauft er mit hohem Gewinn seine Schiffsladung und setzt sich in Neapel als begüterter Privatier zur Ruhe.

Der Abentheurliche Simplicissimus Teutsch[1] – Die Künstlichkeit der Titelfigur und der verborgene Sinn der Poesie

Ein wichtiges Strukturprinzip der spanischen *novela picaresca* war das Wechselspiel zwischen erzählter Zeit und Erzählzeit, wie sich nämlich im Erzählverlauf die Distanz zwischen dem *pícaro* als handelndem Ich (Akteur) und dem *pícaro* als erzählendem Ich (»Autor«) allmählich verringert, bis zum Schluss beide Ebenen nahezu in eins gehen.[2] Die Lebensgeschichte wird zwar chronologisch aufgerollt, aber aus dem Wissen und mit der Erfahrung zur Zeit der Niederschrift. Ähnlich ging auch der Ich-Erzähler in Grimmelshausens *Simplicissimus Teutsch* (1668) vor,[3] der zu den wenigen Romanen aus der Barockzeit gehört, die heute noch Leser finden. Ende des Fünften Buches wechselt Simplicissimus vom Präteritum ins Präsens und deutet damit zumindest an, dass er sein bisheriges Leben in einem freiwillig gewählten Einsiedlerdasein niedergeschrieben habe. In der *Continuatio* (1669), in der Fortsetzung nach dem überraschenden Publikumserfolg, präzisiert der Kapitän Jean Cornelissen, der den schiffbrüchigen Simplicissimus auf der Kreuzinsel entdeckt hatte, dass Simplicissimus seine Lebensgeschichte auf Palmblättern aufgezeichnet und ihm für die Veröffentlichung überlassen habe.[4] Im Einzelnen besteht zwar zwischen den Details über die Niederschrift einige Unklarheit (vielleicht resultiert die zweite Version aus dem Zwang einer Fortsetzung), sie stimmen aber darin überein, dass Simplicissimus

---

1 Teilweise aus Rötzer (1972), S. 137 ff. (überarb. und erg.).
2 Rico (1989), S. 11: ... *el problema estriba a menudo en aclarar las relaciones entre el pícaro como actor y el pícaro como autor ficticio.*
3 Der Text wird im Folgenden zitiert nach der Ausgabe von Rolf Tarot: Grimmelshausen, *Der Abentheurliche Simplicissimus Teutsch und Continuatio des abentheurlichen Simplicissimi*, Tübingen 1967 (ST).
4 ST, S. 570.

seine Geschichte mit dem Wissen *nach* seinem (vorläufigen) Auszug aus der Welt erzählt und kommentiert.

Doch zunächst ein kurzer Überblick über den Inhalt: Es ist mitten im Dreißigjährigen Krieg. Der kleine Simplicius lebt fernab von der Welt. Er ist ganz und gar ungebildet, da er noch nichts anderes gesehen hat als den kleinen Bauernhof seiner Eltern (später erfährt man, dass es seine Pflegeeltern waren). Als eines Tages versprengte Truppen den Bauernhof plündern, flieht Simplicius in den Wald. Ein Einsiedler nimmt ihn auf und unterrichtet den Ungebildeten in den christlichen Wahrheiten. Drei Dinge, so sagt der Einsiedler, solle Simplicius besonders beachten: 1. sich selbst erkennen, 2. böse Gesellschaft meiden, 3. beständig bleiben. Aber Simplicius hört wenig auf die Worte des Einsiedlers. Nach dessen Tod zieht er in die Welt und kommt in die Stadt Hanau; dort ist die protestantische Armee stationiert. Er wird wegen seiner weltlichen Unerfahrenheit (trotz seiner angelernten Bibelfestigkeit oder vielleicht gerade deshalb) als reiner Tor verlacht. Deshalb übt er sich allmählich in die weltliche Klugheit ein. Er macht Fortschritte. Seine Narrheit benutzt er als Tarnung, und zwar sehr bewusst; denn auf diese Weise kann er als kluger Narr die Sittenlosigkeit der anderen anprangern. Kurz darauf rauben ihn kroatische Reiter; doch er entkommt ihnen. Monatelang schlägt er sich recht und schlecht durchs Land, bis er schließlich bei Magdeburg im kaiserlich-katholischen Heer landet. Er gewinnt die Freundschaft des alten und jungen »Hertzbruder«. Beide raten ihm, weiterhin den Narren zu spielen. Aber Simplicius will nicht länger der Spaßmacher sein. Und um sich zu verstecken, zieht er Frauenkleider an. Aber dieser Wechsel bringt ihn erst recht in Schwierigkeiten, denn die Offiziere verlieben sich in ihn. Nur mit knapper Not kann er sich retten. Als »Diener vieler Herren« sammelt er neue Erfahrungen. Schließlich wird er kaiserlicher Dragoner und macht sich als der gefürchtete Jäger von Soest einen

Hans Jacob Christoph von Grimmelshausen, *Der abenteuerliche Simplicissimus Teutsch*. Titelkupfer aus dem Erstdruck von 1669

Namen. Doch bald wird er von schwedischen Soldaten gefangen genommen. Untätig muss er in Lippstadt, wo die Schweden ihr Quartier haben, herumliegen. Man zwingt ihn zur Heirat, da man ihn *in flagranti* erwischt hat. Um nun eine Familie mit allem, was nötig ist, zu gründen, will er nach Köln, um bei einem Notar dort deponiertes Geld abzuholen. Aber er hat kein Glück. Das Geld ist nicht mehr vorhanden. Deshalb kehrt er nicht mehr zu seiner Familie zurück, sondern begibt sich mit zwei Kavalieren nach Paris. Dort steigt er als *Beau Alman* bis in die höchsten Kreise auf. Die Damen reißen sich um ihn und holen ihn nachts auf ihre Zimmer. Auf dem Heimweg nach Deutschland wird er krank, er hat die »französische« Krankheit; sein Gesicht wird entstellt. Er schlägt sich als Quacksalber durch. In Philippsburg ist er wieder bei den Soldaten. Aber er tut sich mit einem Räuber zusammen; sie plündern, bis es Simplicius zu gefährlich wird. Mit dem jungen Hertzbruder, dem Freund aus früherer Zeit, geht er nach Wien. Als sein Freund stirbt, zieht er sich in den Schwarzwald zurück. Dort erfährt er, dass seine Frau, die er damals, als er nach Paris ging, verlassen hatte, gestorben sei. Er heiratet wieder, und zwar ein leichtfertiges Mädchen, dem die hohe Abkunft ihres Gatten zu Kopfe steigt; denn Simplicius hatte erfahren, dass in Wahrheit der Einsiedler, ein adliger Herr, sein Vater gewesen sei. Das untätige Leben wird Simplicius auf die Dauer zu langweilig; deshalb geht er als Offizier nach Russland und kommt bis nach Korea. Da der versprochene Sold jedoch ausbleibt, landet er mittellos wieder in Deutschland. Aus Einsicht oder aus Not entsagt er der Welt und wird Einsiedler wie sein wirklicher Vater; er kehrt sozusagen zu seinen erzieherischen Anfängen zurück. (Damit enden die fünf Bücher der Erstausgabe.) Aber diese fromme Absicht hält nicht lange an. In der *Continuatio* wechselt er das Kleid des »Waldbruders« mit dem des »Wallbruders«. Er kommt in ägyptische Gefangenschaft. Europäische Kaufleute kaufen ihn frei und nehmen ihn auf ihr Schiff; aber das Schiff geht unter. Simplicius rettet sich auf eine einsame Insel, wo er sein Leben in Ruhe beschließen will. Ein holländischer Kapitän landet auf der Insel, erfährt die abenteuerliche Lebensgeschichte, bringt die Aufzeichnungen des alten Simplicius mit nach Europa und übergibt sie einem befreundeten Herausgeber. – Dies ist im Groben der Inhalt des *Simplicissimus Teutsch*.

Grimmelshausen kannte die spanischen Werke der *novela picaresca* nicht im Original. Er war auf Übersetzungen angewiesen. Bis zu seinem *Simplicissimus Teutsch* gab es weder eine werkgetreue Übertragung des *Lazarillo* noch des *Guzmán*; auch die *Pícara Justina* war nach einer italienischen Version nur ungefähr eingedeutscht; und die Übersetzung des französischen *Aventurier Buscon* datiert erst später.[5] Die wichtigste »Informationsquelle« war wohl der deutsche *Gusman* des Aegidius Albertinus. Zwischen ihm und dem *Simplicissimus* gibt es sowohl strukturelle wie auch inhaltliche Überschneidungen oder Überlagerungen. Dies heißt allerdings nicht, dass Grimmelshausen mit seinem *Simplicissimus* eine imitatorische Fortführung des al-

---

5 Gerhart Hoffmeister, »Grimmelshausens *Simplicissimus* und der spanisch-deutsche Schelmenroman«, in: *Daphnis* 5 (1976) S. 275–294. – Der Hinweis auf den dominanten Einfluss der *Histoire comique de Francion* (1623–1633) von Charles Sorel, wie Manfred Koschlig (»Das Lob des ›Francion‹ bei Grimmelshausen«, in: *Jahrbuch der Deutschen Schillergesellschaft* 1, 1957, S. 30–73) ihn hervorhob, scheint mir zumindest revisionsbedürftig, da Grimmelshausen in seinen späteren Werken, als der Sohn des Simplicissimus die väterliche Kalenderschreiberei übernimmt (*Wunder-Geschichten-Calender* auf das Jahr 1673), zwar Gusman, Buscon und Jan Perus nennt, nicht aber Sorels *Francion*. Das sogenannte »Lob des Francion« bezieht sich wohl eher auf novellistische Details als auf Erzählstrukturen; vgl. Meid (1984), S. 101 f. Kategorisch stellt Volker Kapp, trotz leicht modifizierter Parallelen (»Sorels *Francion* und die Doppelperspektive des spanischen Schelmenromans«, in: Battafarano 1989, S. 173–200) fest: »1. Francion ist kein *pícaro*, sondern ein Edelmann. [...] 2. Seine Lebensgeschichte spielt nicht in der Welt der Bettler. [...] 3. Die Romanstruktur ist ganz anders als im Schelmenroman, weil Francion und die meisten Figuren des Werkes ausgeprägte Charaktere besitzen.« (S. 180 f.)

bertinischen *Gusman* auf deutschem Boden zur Zeit des Dreißigjährigen Krieges geschrieben habe. Grimmelshausen hat Albertinus nicht nachgeahmt, sondern sich mit ihm auseinandergesetzt und ein eigenes Erzählkonzept entwickelt.

Eine offensichtliche Parallele ist aber die Einsiedlergeschichte. Auch Simplicius wird wie Gusman von einem Einsiedler belehrt. Doch die Belehrung steht nicht am Ende einer langen Reise, sie steht am Anfang vor jeglicher Erfahrung. Zwischen der Einsiedlerszene im Ersten Buch und der Weltflucht gegen Ende wie auch in der *Continuatio* wird das Leben des Simplicissimus in der verkehrten Welt aufgerollt. Erst nach einer langen Kette wechselvoller Erlebnisse folgt der Held den Ratschlägen seines natürlichen und geistlichen Vaters. Während Albertinus nach dem Schema Sünde – Belehrung – Erlösung vorging, wandelt Grimmelshausen die Reihenfolge in Belehrung – Sünde – Erlösung um. Auf diese Weise konnte er Weiß gegen Schwarz stellen und den göttlichen *Ordo* mit der menschlichen *Inordinatio*[6] vergleichen. Auch übernimmt Grimmelshausen nicht die dualistische Erzählstruktur des albertinischen *Gusman*, sondern verschränkt beide Bereiche, die weltliche und die religiöse Pilgrimschaft, wieder ineinander. Er versieht seinen Simplicius schon im Ersten Buch mit dem Wissen des göttlichen *Ordo*. Der Grund dafür ist Grimmelshausens kompositorische Argumentation. Um das göttliche Postulat mit dem irdischen Sein zu konfrontieren, brauchte er eine Figur, die das Soll kannte, noch ehe sie das Sein erfahren hatte. Diese Figur schuf er sich im christlich gelehrten Dümmling. Der spanische Guzmán und sein deutsches Pendant waren am Ausgangspunkt der Erzählung religiös *und* sozial naiv. Simplicius ist bereits zu Beginn ein Wissender in göttlichen Dingen,

---

6 P. B. Wessels, »Göttlicher Ordo und menschliche Inordinatio in Grimmelshausens ›Simplicissimus Teutsch‹«, in: *Festschrift Josef Quint*, hrsg. von Hugo Moser [u. a.], Bonn 1964, S. 263–275.

aber ein Unwissender in den Gesetzen der Welt. Simplicissimus ist eine thematisch vorgeformte Figur. Daher wäre es absurd, für dieses Werk Begriffe wie Entwicklung, Bildung oder Charakter verwenden zu wollen; dies hieße, den historischen Abstand außer Acht zu lassen.[7] Denn: Simplicius, so lebendig er auch von den ersten Seiten an dem Leser vor Augen tritt, ist eine künstliche, eine unwahrscheinliche Figur, die Grimmelshausen gleichsam für ein Experiment, in dem er die Diskrepanz zwischen reiner Lehre und Lebenspraxis in Szene setzen wollte, bewusst konstruiert und aus dem Erfahrungszusammenhang isoliert hat. Grimmelshausens erzählerische Genialität liegt darin, dass der Leser eben diese Künstlichkeit der Figur nicht unmittelbar bemerkt, sondern die einseitige theologische Ausbildung des Bauernjungen bei dem Einsiedler als etwas durchaus Wahrscheinliches akzeptiert; vielleicht wird er dazu auch durch die satirisch-komische Erzählweise für die Jugendjahre verführt.

Simplicius ist zu Beginn seiner Geschichte eine naive, ganz und gar indifferente Figur. Bei seinen Pflegeeltern hat er weder etwas über Gott noch über die Welt erfahren. Er betrachtet die Dinge und Ereignisse, ohne ihren Sinn zu begreifen.[8] Mit Hilfe der Einsiedlerepisode hebt Grimmelshausen die doppelte Naivität des Kindes auf. Simplicius speichert das religiöse Wissen, das er braucht, um in seiner Person als These gegen die Antithese des weltlichen Treibens auftreten zu können. Die dialektische Konfrontation beginnt mit dem Einzug des jungen Simplicius in die Stadt Hanau. Simplicius misst alles, was er sieht, an der dogmatischen Norm des christlichen Glaubens. Die ganze Stadt lacht über seine gesellschaftliche Unbeholfenheit. Aber er kann in der Rolle des christlichen Narren, ohne Rücksicht auf die Unzulänglichkeit der realen Welt,

---

7 Jakobs (1998), S. 25–39 (»Bildungsroman und Pícaro-Roman. Versuch einer Abgrenzung«).
8 Das bekannteste Beispiel dafür ist das 4. Kapitel im Ersten Buch.

das christliche Ideal gegen die gesellschaftlichen Missstände stellen.

Solange Simplicius nicht an der Welt teilhat, sondern ihr in der Maske des unerfahrenen Narren als Vertreter des Absoluten gegenübersteht, bleibt die thematische Konzeption einer antithetischen Erzählweise erhalten. Dies ändert sich aber, sobald sich Simplicius in die Welt verstrickt, die Distanz zu ihr aufgibt und das Kleid des Narren auszieht. Mit dem bewussten Eintritt in die Welt beginnt eine neue Erzählphase: Simplicius wird, je mehr er sich von den Lehren des Einsiedlers entfernt, selbst zum negativen Beispiel. Die Dialektik der Geschichte verlagert sich in die Titelfigur selbst. Der Held durchläuft den diskontinuierlichen, permanenten Wechsel einer Sündergeschichte im Stile des albertinischen *Gusman*. Grimmelshausen entfaltet in kräftigen Farben ein Panorama der Sündhaftigkeit, Veränderlichkeit und Unbeständigkeit der Welt. Simplicissimus übernimmt als dynamisches Subjekt der Erzählung immer neue Rollen, in denen er, ohne es zu wissen, durch seinen Lebenswandel die Wahrheit der dreifachen Lehre des Einsiedlers bestätigt: Selbsterkenntnis, Meiden böser Gesellschaft, Beständigkeit. Er entwickelt sich jedoch nicht, er expliziert nur Fälle eines jeweils möglichen Verhaltens, das an keine Klasse gebunden ist, das in seiner Abfolge jederzeit ausgewechselt werden kann. Simplicius ist ein multipliziertes Ich,[9] eine potenzielle Universalfigur, deren Repräsentativität, um nicht zu exemplarisch zu werden, durch die lebhafte, wechselvolle Darstellung der Ereignisse entschärft oder verdeckt wird. Sobald die Skala der möglichen Verhaltensweisen erschöpft ist, verlässt Simplicissimus die Welt und folgt dem Vorbild seines Vaters. Die Einsicht in die Unbeständigkeit der Welt resultiert jedoch nicht aus einer graduell wachsenden Erfah-

---

9 Matthias Hattemer, *Das erdichtete Ich: zur Gattungsgeschichte der fiktiven Autobiographie bei Grimmelshausen, E. T. A. Hoffmann, Thomas Mann und Rainer Maria Rilke*, Frankfurt a. M. [u. a.] 1989.

rung, sondern aus der Addition der Rollen, die er gespielt hat. Wie ein Kaufmann zieht er nach seiner Rückkehr aus Asien die Bilanz seines Lebens. Aber die Einsicht, das *Nosce te ipsum*, bleibt nur ein momentaner Akt, der ebenfalls dem Gesetz der *inconstantia*, der Unvereinbarkeit von Ideal und Welt, unterliegt. Die Synthese bleibt aus, der Roman bleibt offen.[10]

In der Vorrede zur *Continuatio* setzt sich der Autor in der Gestalt seines fiktiven Ich-Erzählers mit den Missverständnissen auseinander, denen sein Roman ausgesetzt sein könnte. Wer meine, er habe seinen Lebenslauf nur erzählt, um andern die Zeit zu verkürzen und sie zum Lachen zu bringen, der sei in seiner Erwartung betrogen. Dass er tatsächlich »zu zeiten etwas possierlich auffziehe«,[11] dies habe einen anderen Grund. Wie manche Zärtlinge die heilsame, aber bittere Pille nur schlucken, wenn sie zuvor »überzuckert oder vergült« sei, so lese man ernste Schriften auch lieber, wenn sie bisweilen ein kleines Lächeln herauspressen. Sein Publikum, er nennt es den »Herrn Omne«, sei für den »Theologischen Stylus«, d. h. für trockene Traktatsliteratur, nicht zu gewinnen; deshalb müsse er auf den Publikumsgeschmack Rücksicht nehmen und das, was er eigentlich sagen wolle, auf diejenige Mode ausstaffieren, »welche die Leut selbst erfordern / wann man jhnen etwas nutzlichs beybringen will«. Deshalb habe auch der Lebenslauf des Simplicissimus mehrere Sinnschichten: »lässt sich aber in dessen ein und anderer der Hülsen genügen und achtet deß Kernen nicht / der darinnen verborgen steckt / so wird er zwar als von einer kurtzweiligen Histori seine Zufriedenheit: Aber gleichwohl das jenig bey weitem nicht erlangen / was ich ihn zuberichten aigentlich bedacht gewesen.«[12] Der »gewöhn-

---

10 Und geht in den sogenannten Simplicianischen Schriften (Buch 7 bis 10) weiter: *Courasche, Springinsfeld, Das wunderbarliche Vogelnest I und II*.
11 ST, S. 472.
12 ST, S. 473.

liche lustige Stylus«[13] der simplicianischen Schriften ist nach der Vorstellung des Autors nur ein Mittel zum Zweck. Unter der Oberfläche der pikaresken Lebensbeschreibung verberge sich ein tieferer Sinn. Grimmelshausen vergleicht ihn zum einen mit der bitteren, aber heilsamen Pille und zum andern mit dem Kern, der in einer Hülse verborgen ist. Gegen Ende der *Continuatio*[14] gestaltet Grimmelshausen das Hülsengleichnis szenisch aus: Eines Tages landet auf der Kreuzinsel ein holländisches Schiff. Die Matrosen essen Früchte von einem Pflaumenbaum und werden wahnsinnig. Verzweifelt wendet sich der Kapitän an Simplicissimus um Hilfe. Dieser rät ihm, man solle sie »von den Pflaumen darin sie ihren Verstand verfressen / die Kernen essen lassen / so würde es sich mit allen in einem Augenblick wider bessern«. Die Matrosen gleichen jenen Lesern, die durch oberflächliches Lesen, das nur auf die lustigen Stücklein achtet, aus Unverstand den wahren Sinn der Geschichte nicht erkennen. Grimmelshausens erwünschtes Publikum sind jene, die zum Kern vordringen. Der Kern, der tiefere Sinn, ist aber nicht von der übrigen Erzählung losgelöst, sondern, wie das Bild verdeutlicht, organisch in sie eingebettet. Die Pflaumenepisode, vorbereitet durch das Pillen- und Hülsengleichnis, ist die bildliche Umsetzung der Lehre vom mehrfachen Schriftsinn.[15] Sie zeigt, wie Grimmelshausen diese Lehre versteht: Die einzelnen Sinnschichten sollen sich nicht additiv überlagern, sondern in den Gesamttext integriert sein. Besonders durch den Vergleich mit dem

---

13 *Das Wunderbarliche Vogel-Nest* (1672/75), hrsg. von Rolf Tarot, Tübingen 1970, S. 149.
14 ST, S. 577 ff.
15 Clemens Heselhaus hat wohl als Erster darauf hingewiesen, dass – wie schon im deutschen *Gusman* – auch im *Simplicissimus* das Kompositionsschema des mehrfachen Schriftsinns zu erkennen sei. (»Grimmelshausen. Der abenteuerliche Simplicissimus«, in: *Der deutsche Roman*, hrsg. von Benno von Wiese, Düsseldorf 1963, Bd. 1, S. 15–63; hier S. 29 f.). – Vgl. auch Hubert Gersch, *Geheimpoetik*, Tübingen 1973.

deutschen *Gusman* lässt sich aber erkennen, dass Grimmelshausen nicht mehr mit der gleichen dogmatischen Ausschließlichkeit wie Aegidius Albertinus die mittelalterliche Textexegese anwandte.[16] Weder die anachoretische Existenz noch die Pilgerfahrt nach Jerusalem – im deutschen *Gusman* die anagogische Endstufe – schließen den Lebenslauf des Simplicissimus ab; denn in den späteren simplicianischen Schriften kehrt Simplicissimus nach seiner christlichen Robinsonade auf der Kreuzinsel als weiser Berater unter die Menschen zurück. Die rein heilsgeschichtliche Perspektive wird zumindest in Ansätzen von einer neuen sozialen Wirklichkeitserfahrung und Praxis überlagert, von einem »spannungsreichen Nebeneinander allegorischer und empirischer Perzeptionen der Darstellung«.[17]

---

16 Für Albertinus bedeutete die Abfolge der vier Sinnebenen auch eine hierarchische Wertung.
17 Hans Geulen, »Wirklichkeitsbegriff und Realismus in Grimmelshausens Simplicissimus Teutsch«, in: *Argenis* 1 (1977) S. 31–40; hier S. 32.

Lauf der Welt und Spiel des Glücks – Zwischen Weltläufigkeit und Weltabkehr

In seiner *Wunderwürdigen Lebens-beschreibung des Tychanders* (1668)[1] übernahm der Osnabrücker Pastor und Superintendent Hieronymus Dürer Motive des höfischen Romans in die Pikareske.[2] Zwar gehören die Gestaltung der Liebesszenen und die Technik, die Vorgeschichte einzelner Personen erst im Verlauf der späteren Erzählung nachzuholen, zum Repertoire der idealisierten Adels- und Schäfergeschichten[3], die Gesamtkonzeption des Romans – vor allem die rückblickende Ich-Perspektive – liegt aber auf der Linie der deutschen Bearbeitungen und Fortführungen der *novela picaresca*. Dürer hat mehrere Szenen aus dem sogenannten Augsburger *Lazarillo* (1617),[4] der auf eine französische Vorlage zurückgeht,[5] aus dem *Gusman* (1615) des Aegidius Albertinus und aus der Fortsetzung (1626)

---

1 Im Folgenden zit. nach: *Lauf der Welt und Spiel des Glücks / Zum Spiegel Menschliches Lebens vorgestellet in der Wunderwürdigen Lebensbeschreibung des Tychanders* (Hamburg 1668), reprogr. Nachdr. Hildesheim 1984.
2 Guillaume van Gemert, Art. »Dürer, Hieronymus«, in: *Literatur-Lexikon. Autoren und Werke deutscher Sprache*, hrsg. von Walther Killy, Gütersloh 1989, Bd. 3, S. 127.
3 Beispielsweise die *Argenis* (1621) von John Barclay in der Übersetzung von Martin Opitz (Breslau 1626; 1631 zusammen mit der apokryphen Fortsetzung; Neudr. in: Martin Opitz, *Gesammelte Werke. Kritische Ausgabe*, hrsg. von George Schulz-Behrend, Bd. 3, Stuttgart 1970) – oder die *Diana* (1559) von Jorge de Montemayor in der Übersetzung von Hans Ludwig von Kuffstein (Nürnberg 1619) und Georg Philipp Harsdörffer (zusammen mit den apokryphen Fortsetzungen, Nürnberg 1646; reprogr. Nachdr. Darmstadt 1970).
4 Übersetzung des *Lazarillo castigado* (1573); erschienen in Augsburg (1617) zusammen mit einer Eindeutschung der Gaunergeschichte *Rinconete y Cortadillo* von Cervantes. Dürer kannte auch die Fortsetzung von Juan de Luna (1620) in der Übersetzung von Paulus Küefuß (Nürnberg 1653). Vgl. dazu Rötzer (1972), S. 46ff.
5 Alberto Martino, »Die unbekannten Vorlagen der ›History vom abentewrlichen Lazarillo von Tormes‹ (1617)«, in: *Börsenblatt für den deutschen Buchhandel*, 23. September 1997 (Nr. 76), S. B 96 – B 103.

durch Frewdenhold in den Lebenslauf des Tychander eingebaut; es drängt sich sogar die Vermutung auf, dass er teilweise auch die spanischen Originale zu Rate gezogen hat. Diese »Mischform barocker Erzählkunst«,[6] erschienen im gleichen Jahr wie der *Simplicissimus Teutsch* und noch vor der deutschen Version des verbürgerlichten *Buscon* (1671)[7], wurde bis 1795 mindestens siebenmal neu aufgelegt.

Das Titelbild zeigt Tychander, wie er auf der Kugel steht, die sich ständig dreht (die Inschrift auf ihr lautet: »Lauf der Welt und Spiel des Glücks«), und wie er nach den Seifenblasen greift, die Fortuna mit verbundenen Augen aus einem Rohr bläst. Sein Name[8] und das Titelbild sollen das Grundthema des Berichtes andeuten: die Macht der blinden Fortuna in dieser Welt.[9] Tychander schildert sein Leben – ähnlich dem spanischen *Guzmán* – aus der Perspektive des Ent-Täuschten: »Doch bin ich nun endlich / nachdem ich lange auf dem meer der Eitelkeit herum gewallet; mit vielen Winden gestritten; manchen sturm ausgestanden; von oftmahlen bulgen auf und nieder geworfen und tausenderley ungemach und gefahr erlitten in der seligen anfurt der Verschmähung der Welt angelandet« (S. 3). Nachdem Tychander gesehen hatte, »dass auf der Welt Nichtes beständig als die Unbeständigkeit / und keine wahre ruhe in einigem zeitlichen Gute zu finden« sei (S. 414),[10] will er den Anker noch einmal lichten und die »anfurt des wahren Vaterlandes« (S. 5)[11] erreichen.

---

6 Jürgen Mayer, *Mischformen barocker Erzählkunst*, München 1970, S. 17ff.
7 *Der Abentheurliche Buscon. Eine kurtzweilige Geschichte* (Frankfurt a. M. 1671).
8 Griech. τύχη ›Zufall‹, ›Wechselfälle des Glücks‹.
9 Das Rad der Fortuna wurde häufig in Sinnbildern dargestellt. Vgl. Arthur Henkel / Albrecht Schöne, *Emblemata. Handbuch zur Sinnbildkunst des XVI. und XVII. Jahrhunderts*, Stuttgart 1996, Nr. 1796–1806.
10 Fast wörtlich steht es so auch im *Simplicissimus*; es war ein allgemeiner zeitgenössischer Topos.
11 Im albertinischen *Gusman* ist – nach dem vierfachen Schriftsinn – dieses »wahre Vaterland« das himmlische Jerusalem.

Hieronymus Dürer, *Lauf der Welt und Spiel des Glücks*
Auf dem Titelbild der Ausgabe von 1668 steht Tychander auf
der ständig sich drehenden Kugel und greift nach Seifenblasen

Zwar wird Tychander wie auch der albertinische Gusman frühzeitig mehrmals vor reuelosem Sterben in der Sünde gewarnt, aber er kümmert sich in der Schule und an der Universität wenig darum; er kleidet sich wie ein junger Fürst und verprasst in kurzer Zeit ein Vermögen. Er versündigt sich doppelt sowohl nach der heilsgeschichtlichen (anagogischen) Bestimmung als auch nach dem Erfolgskatalog Mehrwert schaffender Geldwirtschaft.[12] Als nach dem Tode des Vaters die Gläubiger den ganzen Besitz an sich gerissen haben und Tychander seinen aufwendigen Lebensstil nicht mehr fortführen kann, verlassen ihn die Freunde; er macht seine erste bittere Erfahrung und vergleicht sich mit dem verlorenen Sohn. Er verdingt sich wie Lazarillo bei einem geizigen Pfaffen. Als er von dem Tode seiner Mutter erfährt, die wegen Gattenmordes angeklagt war, holt er für den Leser die Geschichte seiner Eltern und seiner Geburt nach. Dieser Teil seines Berichtes ist, was die Argumentation bzw. die absolvierende Rechtfertigung betrifft, deutlich den entsprechenden Passagen im deutschen *Gusman* verpflichtet. Seine Eltern waren der reiche Kaufmann Lukrander[13] und die arme adlige Androfila.[14] Ihre Liebesgeschichte wird sehr ausführlich erzählt. Lukranders Vater Kerdofil[15] widersetzte sich der geplanten Heirat des Sohnes; eher solle der Schnee schwarz werden, als dass Lukrander eine »hofärtige betlerin« heirate. Aber auch Androfilas Eltern dachten nicht daran, obwohl verarmt, die Tochter unter ihrem Stand zu verheiraten: »Denn ob sie wohl von geringen mitteln / so war doch die hofart uñ die übermäßige einbildung ihres

---

12 Wie es ausführlich in *The English Rogue* (1665) beschrieben wird; die deutsche Übersetzung erschien aber erst 1672; vgl. dazu das Kapitel zum *Simplicianischen Jan Perus*, unten S. 105 ff. Jedoch ergeben sich Parallelen zum Kaufmannsroman *Fortunatus* (Augsburg 1509) und zu Jörg Wickrams *Der Jungen Knaben Spiegel* (Straßburg 1554).
13 Lat. *lucrum* ›Gewinn‹, ›Profit‹.
14 Griech.: »Liebhaberin der Männer«.
15 Griech. κέρδος ›Gewinnsucht‹.

adels bey ihnen desto grösser; insonderheit / weil sie verhoften wegen der schönheit ihrer tochter noch einen reichen freyer ihres standes vor selbe zu überkommen« (S. 84). Androfila beugt sich dem Willen der Eltern und vermählt sich standesgemäß mit dem alten Simo, einem reichen Edelmann. Da dieser sie aber quält und misshandelt, erliegt sie schließlich Lukranders neuen Werbungen und trifft sich heimlich mit ihm. Sie bringt ihm einen Sohn, Tychander, zur Welt. Nach der Ermordung des verhassten Ehemanns heiratet sie Lukrander.

Das Interessante an diesem Rückblick auf Lukranders Eltern sind nicht der Betrug und der Gattenmord – denn in den zeitgenössischen höfisch-historischen Romanen ging es bisweilen viel blutrünstiger zu[16] –, sondern die präzise Argumentation, wie Androfila allmählich ihre Vorsätze aufgibt und sich dem Zwang der äußeren Umstände beugt. Das ist ein neuer, ein protopsychologischer Ton, der weder im deutschen *Gusman* noch im zeitgenössischen *Simplicissimus* zu finden ist. Zwar versucht Tychander als fiktionales Erzähl-Ich, entsprechend dem Gesamtkonzept der pikaresken Autobiographie sein späteres Verhalten als Folge einer erblichen Belastung darzustellen, die auch im moralischen Sinn die Erbsünde mit einschließt, aber am Beispiel der Eltern, besonders der Mutter, wird auch gezeigt, dass Schuld und In-Sünde-Fallen komplexe Vorgänge sind, die nicht allein heilsgeschichtlich zu interpretieren sind, sondern auch von gesellschaftlichen Zwängen und Vorurteilen beeinflusst werden. Trotz der vielen emblematischen Einschübe und trotz der spirituellen Metaphorik im Dienste einer verallgemeinernden moralischen Beweisführung sind

---

16 Beispielsweise Andreas Heinrich Bucholtz, *Des Christlichen Teutschen Groß-fürsten Herkules Und der Böhmischen Königlichen Valiska Wunder-Geschichte* (Braunschweig 1659/60), reprogr. Nachdr. Frankfurt a. M. 1972. – Am leichtesten ist mit Rücksicht auf den Umfang heute noch lesbar: Anshelm von Zigler, *Asiatische Banise* (Leipzig 1689); Nachdr. in Neuhochdeutsch: München 1965.

die Hinweise auf die gesellschaftlichen Erfahrungen der Betroffenen nicht zu übersehen. Die emblematischen Verweise auf das blinde Wirken der Fortuna stehen im Widerspruch zum Geschehen selbst, das sehr handfest nach geldwirtschaftlichen Kriterien abläuft. Deutlich stoßen besonders in der Geschichte der Eltern zwei Wertesysteme aufeinander, deren Gültigkeit oder weltliche Präsenz eher an der Einstellung zum Kapital als an religiösen Gemeinplätzen überprüft wird. Dies war kein Novum, weder für die spanische *novela picaresca* noch für die frühbürgerlichen Kaufmannsgeschichten. Seit dem Augsburger *Fortunatus* (1509)[17] war die Auseinandersetzung zwischen Adelswelt und Handelsbürgertum ein wiederkehrendes Thema. Hervorzuheben ist nur, dass die sehr detaillierte Analyse des Konflikts und seiner wirtschaftlichen Basis im Rahmen eines Textes geschieht, der primär – zumindest nach der Ankündigung seines Autors – als Aufforderung zur religiös motivierten Weltabkehr gedacht war. Es überlagern sich zwei Erzählschichten. Nicht »das blinde Schicksal, sondern die Kurzsichtigkeit der Menschen, die sie zum Schmied ihres eigenen Unglücks macht«, bestimmt den Handlungsverlauf.[18]

Nach dem Tode der Eltern meint Tychander, »alle menschen hätten mich nicht allein verlaßen / sondern GOTT selbst hätte mich verstoßen« (S. 150). Wieder wird auf Erbschuld und Prädestination hingewiesen. Tychander zieht nun als abenteuerlicher *mozo de muchos amos* durch die Lande; er fängt bescheiden als Blindenführer (vgl. Lazarillo) an, hebt einen verwunschenen Schatz (vgl. das Glückssäckel des Fortunatus), bringt es im Kriegsdienst bis zum Hauptmann. Doch bald ist die Karriere wieder zu Ende; allerdings nicht, weil Fortuna blind eingreift, sondern weil er sich finanziell übernimmt. Er will bei der

---

17 Walter Raitz, *Fortunatus*. München 1984.
18 Bauer (1994), S. 82.

»Ost Indianischen Gesellschaft« (S. 267ff.) eintreten und Europa verlassen, um neu anfangen zu können. Ein Seesturm verschlägt den Schiffbrüchigen nach Ostafrika; Tychander wird Sklave und erlebt alles nochmals, was bereits Frewdenhold für seinen Dritten Teil des *Gusman* (1626) aus allen möglichen Büchern »colligiert« hatte,[19] nur dass Dürer darüber hinaus auch beim höfisch-historischen Roman Anleihen macht, denn Tychander steigt zum Feldherrn auf und usurpiert schließlich sogar den abessinischen Königsthron. Dies wird alles sehr martialisch geschildert, hat aber nur das eine Ziel, Tychander der größten Versuchung zur Hoffart auszusetzen, damit sein späterer tiefer Fall umso einsichtiger wird. Durch seine maßlose Expansionspolitik verliert er alle Freunde und wird schließlich vom Thron gestürzt. Auf der Flucht trifft ihn plötzlich die Erkenntnis: »Nun erkante ich erst mein gottlos geführtes leben; nun bereute ich erstlich meine unzehliche große sünden und bate sie meinem GOTT mit warhafftigen heissen bußthränen ab« (S. 411). Die ›unzähligen großen Sünden‹ reduzieren sich auf die, nach dem zeitgenössischen Verständnis, größte der sieben Hauptsünden, auf die Hoffart. Die anderen Fehler waren ökonomischer Art. Am Schluss offenbart sich ihm das Gesetz der Welt in einer letzten Ent-Täuschung (*desengaño*): Er hatte geglaubt, dass die abessinische Prinzessin Salome, die er heimlich geehelicht hatte, treu zu ihm halten werde, da die Liebe alles überwinde. Aber er musste erkennen, dass sie nicht ihn, sondern nur die Sicherheit geliebt hatte und nach dem Umsturz die Frau des neuen Herrschers geworden war. Dieser Schluss ist gleichzeitig eine parodierende Desilusion des obligatorischen glücklichen Endes im idealistischen Adelsroman.

Dürers Roman ist erwähnenswert wegen der komposi-

---

[19] Die offensichtlichen Parallelen zum *Simplicissimus* gehen auf die gemeinsame freudenholdsche Quelle zurück.

torischen Widersprüche, die einen Wandel in der Erzählintention der deutschen Pikareske andeuten. Obwohl der Roman noch im Stil des deutschen *Gusman* zur Weltabkehr auffordern und auf die transzendente Bestimmung des Menschen hinweisen soll, beschränkt sich die religiöse Ermahnung des evangelischen Superintendenten auf wenige Gemeinplätze. Auch kommt Tychanders bußfertige Erleuchtung am Ende des Buches sehr unvermittelt, ähnlich wie bei Frewdenhold. Stattdessen werden sehr ausführlich Geschäfte und Standesrivalitäten beschrieben. Die Fortuna, eingangs des Berichtes und im Titelblatt als die Ursache der abenteuerlichen Biographie zitiert, hat nur Stellvertreterfunktion für Vorgänge, deren kausale Verkettung Dürer noch nicht darzustellen weiß. Exotik und Erzählschemata des höfischen Romans vermischen sich mit den Erzählschritten einer Sünder- und Büßergeschichte. Nicht der satirische Stil, wie in Grimmelshausens *Simplicissimus*, sondern die Weltläufigkeit der exotischen Abenteuer ist der »verzuckerte« Anreiz zur Lektüre.

Simplicianischer Jan Perus –
Ein neues Erzählmodell

1672 erschien anonym ein Werk unter dem Titel: *Simplicianischer Jan Perus, Dessen Geburt und Herkommen / kurtzwweiliger Lebens=Lauf / unterschiedliche Verheyrathung / Rencke / Schwencke / Elend / Reise / Gefängnuß / Verurtheil= und Bekehrung*.[1] Dem Titel nach zu schließen, schien es bereits in der Tradition des *Simplicissimus Teutsch* (1668) zu stehen; zumindest nutzte der Autor dessen Erfolg für sein Werk. Nichts deutete auf eine Übersetzung hin. Doch auf der Titelseite des Zweiten Teils aus dem gleichen Jahre heißt der Titelheld Meriton Latroon; dies wurde lange Zeit überlesen.[2] Der *Jan Perus* ist nach zeitgenössischen Maßstäben eine sehr genaue Übersetzung des *English Rogue* von Richard Head und des ersten Fortsetzungsbandes von Francis Kirkman. Die Londoner Topographie wird so präzise nachgezeichnet, dass man zunächst tatsächlich vermuten könnte, der Anonymus berichte aus eigener Erfahrung; denn bei keiner anderen Eindeutschung pikaresker Texte hatten sich die Übersetzer in diesem Maße um authentische Wiedergabe bemüht. Dies gilt auch für die Fülle der geographischen Namen in den fernöstlichen Abenteuern. Ebenso werden die vielen Anspielungen auf die aktuelle englische Geschichte beibehalten; ein Novum, wenn man bedenkt, wie Albertinus den spanischen *Guzmán* umstülpte und alles, was nicht in das eigene einheimische Kolorit passte, strich oder durch eigene Episoden ersetzte. Die wenigen Veränderungen oder Kürzungen beziehen sich darauf, die Schil-

---

1 Reprogr. Nachdr. Tübingen 1986.
2 Den ersten größeren Versuch, den *Jan Perus* und den *English Rogue* miteinander zu vergleichen, unternahm W. Georg Molin: »*Jan Perus*« und »*Jan Rebhu*«, ein Beitrag zur Geschichte des volkstümlichen Romans im 17. Jahrhundert, Diss. Wien 1931.

derungen allzu derber Sexualität zu mildern und die religiös-politische Polemik abzuschwächen. Gerade die Zurückhaltung bei konfessionellen Kontroversen kann man auch bei anderen zeitgenössischen Übersetzungen oder Bearbeitungen beobachten; denn eine eindeutige parteiliche Stellungnahme hätte angesichts der Dreiteilung Deutschlands in Katholiken, Lutheraner und Reformierte den Absatzmarkt notwendig eingeschränkt. Daher fehlen im *Jan Perus* sowohl der Angriff auf den irischen Papismus als auch die Parteinahme für die Anglikanische Kirche und die Invektive gegen den extremen Puritanismus; denn die englischen Verhältnisse konnten ja *mutatis mutandis* auch in der religiösen Zerrissenheit Deutschlands wiedererkannt und auf die eigene Situation übertragen werden. Das besagt aber nicht, dass die Querelen ausgeklammert wurden; sie wurden entweder nur angedeutet oder satirisch verfremdet. Was blieb, ist der Katalog menschlicher Verfehlungen, die nicht einer Institution insgesamt, sondern nur einzelnen Menschen angelastet werden können. Die theologische Diskussion beschränkt sich – wie in Grimmelshausens *Simplicissimus Teutsch* oder Dürers *Lauf der Welt* – auf die moralische Ebene; denn sie konnte von jeder Konfession, ohne dass sofort grundsätzliche Kontroversen auftauchen mussten, zur Erbauung und Belehrung genutzt werden.

Was aber der Übersetzer konsequent und im Detail beibehielt, war das Ambiente der Londoner Kaufmannschaft: Die Vita des englischen *Rogue* verläuft über viele Wechselfälle von einem betrügerischen Kaufmannslehrling bis zu einem rechtschaffenen Handelsherren. Die Schilderung betrügerischer Machenschaften – im Original wie in der Übersetzung – diente zwar als paradigmatischer Beweis für die Korruption der Gesamtgesellschaft; man konnte die entsprechenden Szenen, wenn man sie aus der übergeordneten Argumentation herauslöste, aber auch anders interpretieren: als warnendes Beispiel, wie sehr der Handel durch unredliches und unzuverlässiges Verhalten beeinträchtigt und diskriminiert werde. Die negative Entwicklung des pikaresken *Rogue*, das letztliche Scheitern seiner kriminellen Spekulationen, sollte die wirtschaftliche Notwendigkeit eines neuen, kaufmännischen Tugendkatalogs unterstreichen; seine Unternehmungen wandeln sich zu »Vergehen im kaufmännischen Leben, zu Unterschlagungen und Betrügereien«.[3] Und seine »Bekehrung«, die im Titel als Schlusspunkt angeführt wird, hat nichts mehr mit einer moraltheologischen Aufforderung zur Metanoia zu tun, sie ist vielmehr *ex negativo* der Appell zu einer pragmatischen, handelswirtschaftlichen Sittlichkeit, die sich nicht erst in einem versprochenen Jenseits, sondern schon im eigenen Leben vor Ort auszahlt. Dies wird durch den versöhnlichen Schluss, durch das Happy End, auf der literarisch-fiktionalen Ebene zumindest versprochen: Meriton Latroon bzw. Jan Perus bekommen den Lohn für ihre »Bekehrung« in klingender Münze ausbezahlt.

Der *Jan Perus* wurde noch in der zweiten Hälfte des 17. Jahrhunderts mehrmals aufgelegt; er war also auch ein Verkaufserfolg und nicht unbekannt. Um aber seine richtungsweisende gattungsgeschichtliche Bedeutung zumindest für die deutsche Erzähltradition zu unterstreichen, ist noch auf eine andere Übersetzung einzugehen. Nur ein Jahr vor dem *Jan Perus*, aber drei Jahre nach dem Erscheinen des *Simplicissimus Teutsch* war 1671 zusammen mit einem französischen Paralleldruck *Der Abentheurliche Buscon, eine kurtzweilige Geschicht* erschienen.[4] Auch dieser deutsche *Buscon* ist wie *Jan Perus* eine gewissenhafte Übersetzung, allerdings nicht nach dem Original, sondern nach der französischen Vorlage *L'Aventurier Buscon. Histoire facecieuse* (1633).

---

3 Hirsch (1957), S. 8.
4 Frankfurt: Herman von Sand, 1671.

In beiden deutschen Kaufmannsromanen – im *Jan Perus* wie im *Abentheurlichen Buscon* – wird der Ich-Erzähler durch seine »ökonomische« Bekehrung in die Gesellschaft reintegriert. Dieser Prozess der »Verbürgerlichung« des *pícaro* oder seiner »Domestizierung«[5] war eine gemeineuropäische Entwicklung, vorbereitet von den französischen Bearbeitungen der Pikareske und unterstützt von den englischen Kaufmannsgeschichten. Noch wurde zwar Grimmelshausens »simplicianischer« Buch- und Werbetitel in der Hoffnung, am Erfolg partizipieren zu können, nachgeahmt; Intention und Perspektive hatten sich jedoch jäh geändert. Es blieb nur noch der äußere Rahmen eines autobiographischen Rückblicks. Vom glücklichen Ende aus – im Sinne einer neuen, revidierten Etablierung in der Welt – berichtet der Ich-Erzähler über die Irrwege seines Lebens, über seine beruflichen Verfehlungen, und wie er durch Einsicht in die Notwendigkeit der Handelskonventionen sich von seiner kriminellen und fraudistischen Vergangenheit losgesagt und wieder zu einem ordentlichen Leben zurückgefunden habe. Wo bei Albertinus, Dürer und Grimmelshausen noch von Sünde, Reue und Erlösung gesprochen wurde, werden jetzt Begriffe wie Betrug, Kreditverlust und wiedergewonnene Kreditwürdigkeit eingeführt. Die Sünde, obwohl noch theologisch definiert, wird zum geschäftsschädigenden Verhalten, dessen Folge die wirtschaftliche Ruin ist. Der Pikaro schadet nicht nur der Gesellschaft, sondern am meisten sich selbst. Dies zu erkennen war – zumindest in den transpyrenäischen Metamorphosen der spanischen Pikareske – der Weg der intendierten Selbsterkenntnis. Dabei gab es zwar Umwege wie beim dogmatisch orientierten *Gusman* des Aegidius Albertinus oder in der durchgängigen Ambivalenz zwischen Weltverzicht und

---

5 Ein Leitthema in der bahnbrechenden Studie von Arnold Hirsch; vgl. Hirsch (1957), S. 5 ff.

karitativem Engagement in Grimmelshausens *Simplicianischen Schriften*, sie waren aber narrative Auslaufmodelle. Stattdessen wurde das Struktur- und Argumentationsmodell des französischen *Buscon* zum europäischen Erzählmuster der *Abenteuerromane*; sie traten die Nachfolge der pikaresken Ich-Erzählungen an.[6] Dieter Reichardt, der die Geschichte des Abenteuerromans bis in die Mitte des 18. Jahrhunderts verfolgt hat, sieht die Dreigliedrigkeit als das durchgehende Prinzip für diesen Romantypus. Er spricht von drei Phasen, die in ihrer Grundstruktur auf den französischen *Buscon* zurückgehen.[7] Die erste Phase reicht von der Kindheit des Helden bis zum Ende seiner Ausbildungszeit im Dienste vieler Herren. Dann folgen die abenteuerreichen Wanderjahre, die den größten Raum in der Geschichte einnehmen. Den Schluss – als obligatorisches Happy End, um den bürgerlichen Leser zu versöhnen und die Rentabilität eines kaufmännischen Solidarverhaltens zu bestätigen – bilden entweder die Einheirat in eine begüterte Familie und die bürgerliche Etablierung des Pikaro oder sein einsichtiges Verhalten, konform dem kaufmännischen Verhaltenskodex. Nach diesem Schema wurde eine Flut von Romanen produziert und mit den Erfolgsetiketten »simplicianisch«, »abentheuerlich« oder »Robinsonade« versehen.[8]

Die Idee des sozialen Aufstiegs verflüchtigte sich allerdings allmählich; was blieb, war das bloße Vergnügen an der langen Reihe der Abenteuer: Der Held wurde dem ursprünglichen pikaresken Milieu entzogen; er gehörte schon von Geburt dem Bürgertum an, er brauchte nicht um seine gesellschaftliche Anerkennung zu kämpfen. Seine Abenteuer waren temporäre Verstrickungen oder stürmische Jugenderlebnisse, auf die der wohlversorgte Hausvater später lächelnd zurückblickte. Alles bekam den un-

---

6 *Jan Perus* und der *Abentheurliche Buscon* wurden reichlich ausgeplündert.
7 Reichardt (1970), S. 108 ff.
8 Hirsch (1957), S. 13 ff.; Reichardt (1970), passim.

verbindlichen Charakter der Privatheit. Im Grunde verbanden nur noch die autobiographische Erzählfiktion und das episodenreiche Szenarium diese Texte mit den Anfängen des pikaresken Romans; aber beide Kriterien wirkten weiter.[9]

---

9 Hans Gerd Rötzer, »Der Schelmenroman und seine Nachfolge«, in: *Handbuch des deutschen Romans*, hrsg. von Helmut Koopmann, Düsseldorf 1983, S. 131–150; hier S. 148 f.

Die Pikareske – Versuch einer Eingrenzung

In den Literaturgeschichten spricht man wie selbstverständlich von der *novela picaresca* oder vom pikarischen Roman, aber in den Texten selbst tauchen das Substantiv *pícaro/pícara* und das entsprechende Adjektiv *picaresco* nicht schon von Anfang an auf. Noch im *Lazarillo* ist allein von *fortunas y adversidades* die Rede. Auch im Titel der Madrider Ausgabe des *Guzmán* (1599) fehlt noch jeglicher Hinweis; nur in der gleichzeitigen Ausgabe in Barcelona heißt es: *Primera parte de la vida del pícaro Guzmán de Alfarache*.[1] Im Text selbst verwendet Guzmán die Bezeichnung zum ersten Mal nach kleinen Gaunereien auf seiner Reise nach Madrid; er sei ein *pícaro*, den man für einen kleinen Dieb halte.[2] Als *pícara* von Anfang an tritt dagegen die Titelheldin im Text von Francisco López de Úbeda auf: *Libro de entretenimiento de la pícara Justina* (1605); auch in den vier Büchern wiederholt sich die Bezeichnung: *La pícara montañesa - La pícara romera – La pícara pleitista – La pícara novicia*.[3] Quevedo spart zwar den pikaresken Hinweis aus; sein *Buscón* (1626) sei ein typischer »Landstreicher« und »schurkischer Nichtsnutz« *(ejemplo de vagamundos y espejo de tacaños)*. Mit diesen Umschreibungen gibt er aber einen interpretatorischen Hinweis zur Beurteilung seiner Titelfigur, verstärkt noch durch den Beinamen Buscón, ein Synonym für Taschendieb *(ratero)*, Räuber *(ladrón)* und Betrüger bzw. Hochstapler *(estafador)*.

Häufiger wird dagegen auf das pikareske Ambiente angespielt. In Madrid vervollkommnet Guzmán seine Fertigkeiten als Trickdieb; und um nicht als Landstreicher festgesetzt zu werden, tarnt er sich als Lastenträger. Dabei

---

1 Für die einzelnen Titelhinweise hier und im Folgenden vgl. Laurenti (2000), passim.
2 *Creyeron ser algún pícaro ladroncillo* (I,2,2).
3 Die *pícara* aus den Bergen, als Pilgerin, als Streitsüchtige, als »Novizin«.

geht es ihm sehr gut; er findet Geschmack am »pikaresken Sirup« und stürzt sich blindlings in diese »herrliche Freiheit«.[4] Mit wörtlicher Anspielung auf den *Guzmán* charakterisiert Cervantes in der Novelle *Die vornehme Dienstmagd* (*La ilustre fregona*) Carriazo als einen jugendlichen Ausbrecher mit »pikaresker Neigung« zu einem freien Leben, das er bei den Thunfischern von Zahara, »dem *finibusterrae* der Pikareske« findet.[5]

Die Herkunft des Wortes *pícaro* ist unklar; es scheint aus dem Argot zu kommen.[6] Am wahrscheinlichsten ist seine Verwandtschaft zu dem Verb *picar* (stechen, beißen, hacken usw.), ein Allerweltswort wie im Deutschen ›machen‹ oder ›tun‹. In diesem Sinne bedeutet *pícaro* ›ungelernter Handlanger‹; schon 1525 taucht es in der Verbindung *pícaro de cocina* (Küchenjunge) auf. Da die Küchenjungen, Laufburschen, Handlanger oder Blindenführer meist aus ärmeren Schichten kamen, sich mühsam und nicht immer ganz ehrlich von Dienstherr zu Dienstherr durchschlugen, bekam das Wort allmählich auch eine abwertende Konnotation: vom Gelegenheitsdieb bis zum Betrüger großen Stils.

Ein Synonym zur *vida picaresca* ist die *picardía*. Als Guzmán nach den ersten Misserfolgen in Madrid beschloss, es den andern gleichzutun, ergriff er »das Handwerk der blühenden Picardie«.[7] Und in seiner Anrede »An den Leser« verspricht Quevedo, dass man in seinem *Buscón* »jede Art von Picardie«, sozusagen die Summe des piskaresken Ambiente finde.[8]

---

4 *Mas, después que me fui saboreando con el almíbar picaresco, de hilo que me iba por ello a cierraojos* (I,2,2).
5 ... *en las almadrabas de Zahara, donde es el finibusterrae de la picaresca* (eingangs).
6 Joan Corominas / José A. Pascual, *Diccionario crítico etimológico castellano e hispánico*, Madrid 1985, Bd. 4, S. 520, 523.
7 ... *comencé a tratar el oficio de la florida picardía* (I,2,2).
8 Ob *picardía* tatsächlich auf die Picardie, eine Region und historische Provinz in Nordfrankreich, zurückgeht oder nur eine weitere Ableitung aus

In den meisten zeitgenössischen Übersetzungen oder Überarbeitungen wurde die Bezeichnung *pícaro* nicht einfach übernommen. Sie wurde entweder übersetzt oder zusätzlich paraphrasiert. In Frankreich wurde Guzmán zum *gueux* (Bettler, Strolch, Gauner),[9] in England zum *rogue* (Schurke, Landstreicher).[10] Der Italiener Barezzo Barezzi beließ es beim spanischen Titel.[11] Aegidius Albertinus ergänzte in seiner freien deutschen Bearbeitung (1615) den Titel; für ihn ist der *pícaro* ein »Landtstörtzer«.[12] Ähnlich wurde auch die *Pícara Justina*, nach der Übersetzung von Barezzo Barezzi (1624/25), zur *Landtstörtzerin* (1626/27).[13] In der französischen Version (1636) hieß sie *La Narquoise Iustine*, die »spöttische Justina«. Nicht nur eine Namensänderung, sondern auch ein anderes Ende erhielt der *Buscón* durch die französische Bearbeitung (1633), die für lange Zeit in Europa bestimmend war; er wurde zum Abenteurer in einer lustigen Geschichte.[14] Auch Grimmelshausen versah seinen Titelhelden mit dem Attribut »abentheurlich«. Allerdings kann dies kaum auf den französischen *Buscon* zurückgehen; denn die deutsche Übersetzung erschien erst drei Jahre nach dem *Simplicissimus*.

In Deutschland wurde die *novela picaresca* vor allem als ein Opus zur religiösen Erbauung und Belehrung adaptiert; diese Tendenz reichte, wenn auch sich abschwächend, bis zu Grimmelshausen und Hieronymus Dürer.

pícaro ist, lässt sich nicht eindeutig belegen. Möglicherweise ist der Landschaftsname mit pejorativer Bedeutung aus den spanischen Besitzungen in den Niederlanden über die Truppen nach Spanien gelangt.
9 *Le Queux, ou la vie de Guzman d'Alfarache* (1619), frz. Übers. von Jean Chapelain.
10 *The Rogue: or the Life of Guzman* (1622/23), engl. Übers. von James Mabbe.
11 *Vita del picaro Gusmanno d'Alfarace* (1606).
12 *Der Landtstörtzer: Gusman von Alfarche* [sic!] *oder Picaro genannt*.
13 *Die Landtstörtzerin Iustina Dietzin Picara genannt*.
14 *L'aventurier Buscon. Histoire faceciuse* (1633); *Der Abentheurliche Buscon. Eine kurtzweilige Geschicht* (1671).

Dem tridentinischen Dreischritt des Bußsakraments – *contritio*, *confessio*, *satisfactio* – war jeweils eine abenteuerliche Reise durch die sündhafte Welt »vorgeschaltet«; sie war, als Voraussetzung für Gottes Gnadenerweis, die eigentliche literarische Erzählsubstanz. Allerdings wurde die *satisfactio* – wie schon im *Guzmán* – auch bei Albertinus und Grimmelshausen jeweils nur kurz abgehandelt oder in eine zukünftige Fortsetzung verschoben.

In Frankreich wurde der negative Ausgang der *novela picaresca* gekappt und durch ein neues handelsbürgerliches Bewusstsein ersetzt. Diese »Metamorphose des *pícaro*« geht sicherlich auch auf die nationale Tradition der *Histoires comiques* oder des *Roman comique* zurück.[15] Die »wahrhaftige Geschichte« emanzipierte sich von der dogmatischen Vereinnahmung; die Schilderung des weltlichen und nicht immer vorbildlichen Lebens gewann einen ästhetischen Eigenwert.[16] Dies war auch der Tenor des umgestülpten französischen *Aventurier Buscon* (1633), und er setzte sich verstärkt in den eigenständigen englischen Romanen fort. *The English Rogue* von Richard Head war zwar eine bewusste Anspielung auf die Mabbe'sche Übersetzung des *Guzmán* unter dem Titel *The Rogue*, viel größer war aber der Einfluss des französischen *Aventurier*. Auch hatte England in den Verbrecherbiographien eine eigene Tradition des niederen Romans: *The Life and Death of Gamaliel Ratsey, a famous Theefe of England* (1605).

---

15 Ein signifikantes Beispiel für die Loslösung von der Prädominanz moraltheologischer Richtwerte als einem Alibi für den abschreckenden Einstieg in die sündhaften Niederungen der irdischen Wanderung war *La vraye Histoire comique de Francion* (1623 und 1641) von Charles Sorel. Eine deutsche Übersetzung erschien 1662 in Frankfurt a. M.: *Warhafftige und lustige Histori von dem Leben des Francion*; Grimmelshausen kannte sie. Vgl. Manfred Koschlig, »Das Lob des ›Francion‹ bei Grimmelshausen«, in: *Jahrbuch der deutschen Schillergesellschaft* 1 (1957) S. 30–73.

16 Valentin (1992), S. 38: »Wirklichkeit ist bei Sorel zweifellos eine durch und durch ästhetische Kategorie, sie ist ihm Lebensnähe, die mit Hilfe der unteren Stilebene zu erreichen ist.«

Und der Bericht über den berüchtigten Straßenräuber James Hind führte im Titel den spanischen Guzmán an: *The English Gusman, or the History of that Unparalleled Thief James Hind* (1652),[17] d. h. die vorgebliche »Generalbeichte« verband sich mit der Geschichte eines *Highwayman*.

Der Einfluss der spanischen *novela picaresca* ist während des ganzen 17. Jahrhunderts in den verschiedenen Nationalliteraturen zu beobachten. Kann man daher mit Recht von einer europäischen Tradition der Pikareske sprechen?[18] Oder haben sich der ursprüngliche Erzählansatz und das gesellschaftliche Ambiente grundlegend verändert? In der Diskussion um die Definition der Pikareske im Allgemeinen und der *novela picaresca* im Besonderen geht es vor allem um Fragen des sozialen Hintergrundes und der Erzählstruktur; beides ist eng miteinander verbunden und jeweils nur im Kontext zu erläutern.

Sowohl im spanischen wie auch im europäischen Namensspektrum wird der Ich-Erzähler als jemand eingeführt, der nicht zur Gesellschaft gehört oder an ihrem äußersten Rande anzusiedeln ist. Meist kommt er aus armen oder zumindest undurchsichtigen Verhältnissen. Seine soziale wie auch biologische Herkunft ist für seinen Lebensweg bestimmend; er ist durch Milieu und Elternhaus – in den Augen der Öffentlichkeit – doppelt vorbelastet. Gegen dieses Vorurteil kämpft er an: Er versucht, sich auf jede er-

---

17 Chandler (1907), passim.
18 Auf dem Würzburger Symposium »Maskerade und Entlarvung: Das Paradigma des Pikaresken« (2005) hat man versucht, auf der Basis der sehr generalisierenden Definitionen von Claudio Guillén (Guillén, 1962) ein übergreifendes »Paradigma des Pikaresken« (Ehland, 2007) zu konturieren, dessen Kriterienkatalog bis in die Gegenwart gelten könne. In den einzelnen Beiträgen zeigt sich aber, dass das sogenannte »Pikareske« in dem Maße an argumentativer Schärfe und sozialgeschichtlicher Authentizität verliert, je mehr es auf wenige Strukturkonstanten festgelegt wird, die zweifelsfrei grenz- und zeitüberschreitend immer wieder auftauchen, aber eben nur eine narrative Rahmenstruktur andeuten.

denkliche Weise in die Gesellschaft zu integrieren, auch wenn es nur auf Kosten der Selbstachtung und nur auf der untersten Stufe gelingt (Lazarillo); er versucht sein Existenzrecht dadurch einzufordern, dass er die öffentliche Meinung ernst, d. h. »beim Wort« nimmt und nach den geltenden Statusregeln, wenn auch erfolglos, handelt (Guzmán); er versucht, seine Herkunft zu verleugnen und in »falschen Kleidern« aufzusteigen, aber auch dies vergeblich (Buscón). Nur die weibliche Titelheldin durchbricht diesen Zwang: Justina bekennt sich zu ihrer sozialen Desintegration, für die nicht sie die Schuld trägt, sondern die Gesellschaft; sie genießt demonstrativ dieses Ausgeschlossensein als Freiheit von oktroyierten Zwängen.

Eine adlige Herkunft des Titelhelden würde diesen ursprünglichen sozialen Erzählansatz aufheben; denn er war die notwendige Prämisse für die Aufstiegs- oder Integrationsbestrebungen des *pícaro*. Deshalb ist der *Francion* zwar eine »wahre Geschichte« im komischen, d. h. niederen Stil, aber kein pikarischer Roman.[19] Auch Simplicius ist von adliger Herkunft; er erfährt dies aber erst am Ende, als es für ihn bereits uninteressant ist. Trotzdem wurde mit dieser Kompositionsklammer der pikareske Ansatz zumindest abgeschwächt, denn durch seine hohe Herkunft, die ja auch als moralische Qualität galt (dies eine Übernahme aus dem höfisch-historischen Roman), hatte Simplicius, ohne es zu wissen, die Sicherheit, sich am Ende wieder aus den irdischen Verstrickungen lösen zu können.[20] Generell ist zu sagen, dass sowohl die von An-

---

19 Analog zur antiken Trennung zwischen Komödie und Tragödie war mit *roman comique* der niedere, im Alltag spielende Roman im Unterschied zum höfischen Roman gemeint; er unterschied sich vom hohen Roman durch derb-realistische Szenen und sein einfaches *genus dicendi*. – Vgl. Horst Weich / Klaus Dirscherl, »Der komische Roman des 17. Jahrhunderts. Ein Bericht zur aktuellen Forschung«, in: *Zeitschrift für französische Sprache und Literatur* 95 (1985) S. 1–25.
20 Von diesem moralischen wie literarischen »Vorurteil« ging auch der zeitgenössische Leser aus.

fang an bekannte Zugehörigkeit zum Adel oder zu einem gutbürgerlichen Haus als auch die nachträgliche Auflösung des genealogischen Rätsels die strukturelle Intention der spanischen *novela picaresca* entweder aufhoben oder zum neuen Typus der »temporären Pikareske« mit glücklichem Ausgang im Sinne der gesellschaftlichen Erwartungen verwandelten.[21]

Dass die Ich-Form[22] allein noch kein definitives Erkennungszeichen der *novela picaresca* ist, lässt sich an der Diskussion zu Quevedos *Buscón* zeigen. Quevedo hat zwar die Brieffrom des *Lazarillo* übernommen, aber sein Titelheld erzählt die eigene Lebensgeschichte so, dass man sie auch in der 3. Person wiedergeben könnte; denn es fehlt der Bezug zum Erzählanlass und zur Erzählsituation. Deshalb meinte Francisco Rico, im *Buscón* sei die Ich-Form überflüssig und nur ein »simpler Tribut an die Tradition«.[23] Ganz so einfach dürfte es jedoch nicht sein. Es stimmt, *Lazarillo*, *Guzmán* und *Justina* sind individuelle »Rechtfertigungsgeschichten« im Rahmen der literarischen Fiktion; jeder hat einen Grund, warum er seine Geschichte erzählt. Der *Buscón* dagegen ist eine »Abrechnung« des tatsächlichen Autors mit seiner erfundenen Figur. Buscón hat keine Chance, sich zu rechtfertigen; er ist nicht nur dem Gelächter der Leser, sondern auch dem zy-

---

21 So schon Cervantes in seinen *Novelas ejemplares* – und dann auch über die verschiedenen nationalsprachlichen Adaptationen des *Buscón* zum neuen Typus der Kaufmannsgeschichten, in denen der Handelseleve durch seine (jugendlichen) pikaresken Eskapaden und durch die anschließende reumütige Rückkehr ins väterliche Kontor *ex negativo* die neue pragmatische Tugendlehre der Kaufmannschaft bestätigt. Darüber hat m. E. 1934 zum ersten Mal und sehr ausführlich Arnold Hirsch berichtet; vgl. Hirsch (1957), passim.
22 Horst Baader, »Noch einmal zur Ich-Form des *Lazarillo de Tormes*, in: *Romanische Forschungen* 76 (1964) S. 437–446; Fernando Lázaro Carreter, »La ficción autobiográfica en el *Lazarillo de Tormes*«, in: *Litterae Hispanae et Lusitanae*, hrsg. von Hans Flasche, München 1968, S. 195–213.
23 Rico (1989), S. 127.

nischen Spott seines Erfinders ausgesetzt. Diese Aufhebung der Rechtfertigungsperspektive hat System; sie zeigt, dass Quevedo sehr wohl den Sinn der pikaresken Ich-Perspektive begriff, nur führte er sie aufgrund seiner gegenläufigen Erzählintention *ad absurdum*. Auch Cervantes erkannte sehr genau, wenn auch auf der ganz anderen Ebene der »Erzählökonomie«, die Besonderheit der Pikareske; es ist der Verzicht auf die Außenperspektive, auf den auktorialen, alles bestimmenden und überblickenden Erzähler zugunsten einer Reduktion auf den Horizont des subjektiv argumentierenden Ich-Erzählers, der für das Erzählte allein verantwortlich ist. Genau dies aber, Rechtfertigung des Erzählanlasses und Reduktion der Sichtweise auf einen Ich-Erzähler, waren konstitutive Merkmale der pikaresken Erzählweise. Und dies aus mehreren Gründen.

Zum einen musste der Ich-Erzähler durch seine Biographie mit einem Wissens- und Erfahrungshorizont »ausgerüstet« werden, der seinen Ausführungen eine hinreichende Glaubwürdigkeit und Urteilskompetenz verlieh; dies bedingte natürlich auch eine individuell-subjektive Eingrenzung gegenüber auktorialen Objektivationen. Guzmán mit seiner weltmännischen[24] und akademischen Erfahrung erzählt seine Geschichte ganz anders als Lazarillo, dessen geografische Kenntnisse nur von Salamanca bis Toledo reichen und der keine Hohe Schule besucht hat. Simplicius wird für die Aufgabe eines kritischen Moralisten beim Einsiedler »präpariert«. Um am Ende über die Arbeitsmoral der Kaufmannschaft urteilen zu können, durchläuft Jan Perus mehrere Stationen vom Kaufmannsgehilfen bis zum selbstständigen Großhändler. Die Ausbildung des albertinischen Gusman bleibt dagegen hinter den Erzählanforderungen einer individuellen Rechtfertigung zurück, diese übernimmt der Einsiedler, der den Büßer für die Reise nach Jerusalem ausrüstet.

---

24 Er kam bis nach Rom und in die Dienste eines Kardinals.

Zum anderen gab es die retrospektive Doppelung von erzähltem und erzählendem Ich, die sich im Erzählverlauf allmählich aufheben und »in eine rückblickende Einschätzung des Geschehens« münden sollte.[25] Genau genommen hält nur Lazarillo/Lázaro die Distanz sowohl zwischen der erzählten und der erzählenden Sprachebene als auch zwischen jugendlicher Naivität und aktueller Erfahrung als Ausrufer in Toledo durch. Ein gutes Beispiel dafür ist, wie Lázaro, ohne korrigierend einzugreifen, die Besuche des Afrikaners und die Geburt seines Halbbruders aus der kindlichen Perspektive des Lazarillo wiedergibt.[26] Guzmán trennt nicht konsequent zwischen beiden Ebenen, sondern ergänzt jeweils in seinen Digressionen den fehlenden Bezug zur Erzählgegenwart. López de Úbeda ergreift in der *Pícara Justina* am Ende eines jeden Kapitels mit den *Aprovechamientos* sogar selbst das Wort und kommentiert den Bericht seiner uneinsichtigen Ich-Erzählerin.

Innerhalb des Rechtfertigungsrahmens, warum und wozu der *pícaro* seine Lebensgeschichte erzählt, ist eine bestimmte Struktur zu beobachten. Alemán schreibt in der Vorbemerkung zum Ersten Teil, dass das Geschehen in drei Stufen ablaufe: 1. Guzmáns Auszug aus dem Elternhaus, 2. ein Leben als *pícaro* in schlechter Gesellschaft, 3. das Unglück, in das er aus eigenem Verschulden geriet.[27] In groben Zügen folgt auch Buscón diesem Schema: Das Erste Buch reicht bis zur Trennung von seinem adligen Dienstherrn; im Zweiten und Dritten Buch wird von den Hochstapeleien und dem endgültigen kriminellen Abstieg berichtet. Beide Viten haben eine absteigende Linie bis zur Katastrophe. Nur Lázaro kaschiert aus guten Gründen

---

25 Valentin (1992), S. 8.
26 Ähnlich auch der erwachsene Simplicissimus über die Plünderung des väterlichen Hofes und die Gräueltaten der Soldaten, die er als Kind erlebte (Erstes Buch, Kap. 4).
27 *Declaración para el entendimiento deste libro.*

seinen Lebenslauf als eine Erfolgsgeschichte.[28] Gemeinsam ist den Archetypen einschließlich der *Pícara Justina* das »Erwachen«: Schon kurz nach dem Auszug aus dem Elternhaus erkennen sie, dass sie allein auf sich gestellt sind und sich in einer feindlichen Welt behaupten müssen.[29] Dieses Erwachen ist sozusagen analog zur Novelle der pikareske »Wendepunkt«.

Die Lebensepisoden des *pícaro* werden zwar in chronologischer Abfolge erzählt, sie sind aber keine lineare Reihung wie in den Schwankbüchern, die unbegrenzt ergänzt oder weitergeführt werden können. Auch haben die pikaresken Autobiographien keinen offenen Schluss; denn Auswahl und Präsentation der Episoden hängen vom Erzählanlass oder der Argumentationsabsicht des Ich-Erzählers ab, sie sind die narrative Rechtfertigung. Am schlüssigsten ist dies am *Lazarillo de Tormes* zu zeigen; ohne Kenntnis des »Falls«, über den »Euer Gnaden« informiert werden möchten, und ohne die tristen Erfahrungen mit den verschiedenen Dienstherren wäre es schwer verständlich, warum Lázaro so konsequent gegen den offensichtlichen Sachverhalt anschreibt.

Dieses Aufrollen der Erzählstruktur vom Ende her, diese Auswahl der Episoden im Dienste der übergreifenden Argumentation findet sich auch in der außerspanischen Pikareske. In den »Rechtfertigungsgeschichten« gleich welcher Art ist der Pikaro selbst Ausgangs- und Endpunkt der »Historie«; er ist der »Akteur« und der »Autor«. Der Gegenstand der Rechtfertigung ist aber nationalspezifisch verschieden; er reicht von der moraltheologischen Exegese (*Gusman, Simplicissimus, Lauf der Welt*) bis zur praktischen Handelsmoral (*Aventurier, English Rogue, Jan Perus*). Die eigentliche *novela picaresca* ent-

---

28 Zu Einzelheiten vgl. das Kapitel »Última carta de Lazarillo de Tormes«, oben S. 15 ff.
29 Gustav A. Alfaro, »El despertar del *Pícaro*«, in: *Romanische Forschungen* 80 (1968) S. 44–52.

stand aus einer exzeptionellen Rechtfertigungssituation, die sich nicht in andere Literaturen übertragen ließ. Deshalb kann man zwar von einer europäischen Tradition der Pikareske reden, weil sich erzähltechnische Übernahmen wie die Ich-Perspektive und die (manchmal nur temporäre) außergesellschaftliche Existenz auch jenseits der Pyrenäen finden; man sollte aber nicht die nationalen Metamorphosen übersehen, die z. T. den sozialen Hintergrund des Pikaro neu bestimmten bis zu seiner Integration in die bürgerliche Welt, bis zu seiner »Domestizierung«.

Fazit: Der originale Anstoß der *novela picaresca* für die Entwicklung einer sozialkritischen »Schelmenliteratur« in all ihren jeweils nationalliterarischen Ausgestaltungen im Lauf der Jahrhunderte verdankt sich dem genialen Erzählkonstrukt eines durch Herkunft determinierten oder »vorbelasteten« Ich-Erzählers, der nachträglich »von hinten«, d. h. mit dem Wissen aus lebensgeschichtlicher Erfahrung,[30] über sein Verhältnis zu seiner Umwelt, wenn auch verdeckt oder »verschlüsselt«, sowohl scheinbar objektiv als auch zu seinen Gunsten selektierend, wortreich oder spröde reflektiert und urteilt. Mit dem spanischen *pícaro* wurde – zumindest literarisch – das neuzeitliche Individuum geboren, das seine Reaktionen nur aus Erfahrungen rechtfertigt und diese Erfahrungen mit den dogmatischen Vorgaben der »offiziellen« Gesellschaftsstruktur bzw. -norm vergleicht. Dies war das Neue und vielleicht eigentlich Konstitutive, das sich vielgestaltig und sehr unterschiedlich bis in die Moderne fortentwickelt hat.

Trotzdem sollte man gegenüber einer spontanen Gleichsetzung zwischen originaler *novela picaresca* und intertextueller Korrespondenz der Inhalte und Strukturen in ähnlichen Erzähltexten das jeweils spezifische Erzählanliegen nicht außer Acht lassen; denn der Argumentati-

---

30 Clemens Lugowski, *Die Form der Individualität im Roman*, Frankfurt a. M. ²1994 [zuerst Berlin 1932].

onsanlass, d. h. die »Rechtfertigung« des Ich-Erzählers, ist jeweils grundverschieden – und genau dies macht die Bandbreite von der *novela picaresca* bis zu dem Sammelbegriff »Schelmenroman« aus: Die Pikareske als nationalübergreifender Terminus ist eher ein katalogisierendes Hilfsmittel als eine genaue gattungsgeschichtliche Definition.

Literaturhinweise

Baader, Horst (Hrsg.): Spanische Schelmenromane. 2 Bde. München 1964.
Bataillon, Marcel: Pícaros y picaresca: »La pícara Justina«. Madrid 1969.
– Erasmo y España. Mexico 1979. [Überarb. Fassung der frz. Orig.-Ausg.: Erasme et l'Espagne. Paris 1937.]
Battafarano, Italo Michele / Taravacci, Pietro (Hrsg.): Il picaro nella cultura europea. Gardolo di Trento 1989.
Bauer, Matthias: Der Schelmenroman. Stuttgart 1994.
Bjornson, Richard: The Picaresque Hero in European Fiction. Wisconsin 1977.
Breuer, Dieter: Grimmelshausen-Handbuch. München 1999.
Chandler, Frank Wadleigh: The Literature of Roguery. New York 1907.
Guillén, Claudio: Toward a Definition of the Picaresque. In: Proceedings of the Third Congress of the International Comparative Literature Association. Den Haag 1962. S. 252–266.
Ehland, Christoph / Fajen, Robert (Hrsg.): Das Paradigma des Pikaresken. Heidelberg 2007.
Hirsch, Arnold: Bürgertum und Barock im deutschen Roman. Zur Entstehungsgeschichte des bürgerlichen Weltbildes. Köln 1957 (von Herbert Singer bes. Neuaufl. der Erstausg. von 1934).
Jakobs, Jürgen: Der Weg des Pícaro. Untersuchungen zum europäischen Schelmenroman. Trier 1998.
Laurenti, Joseph L.: Catálogo bibliográfico de la literatura picaresca: siglos XVI–XX. 2 Bde. Kassel 2000.
Meid, Volker: Grimmelshausen. Epoche – Werk – Wirkung. München 1984.
Parker, Alexander A.: Literature and the Delinquent. The Picaresque Novel in Spain and Europe 1599–1753. Edinburgh 1967. [Erw. Ausg.: Los Pícaros en la Literatura. La novela picaresca en España y Europa. Madrid 1971.]
Raders, Margit / Schilling, Maria Luisa (Hrsg.): Der deutsche und der spanische Schelmenroman – La novela picaresca alemana y española. Madrid 1995.
Reichardt, Dieter: Von Quevedos »Buscón« zum deutschen »Avanturier«. Bonn 1970.

Rico, Francisco: La Novela picaresca y el punto de vista. 4., korr. und erw. Aufl. Barcelona 1989. [¹1970.]
Rötzer, Hans Gerd: Pícaro – Landtstörtzer – Simplicius. Studien zum niederen Roman in Spanien und Deutschland. Darmstadt 1972.
– »Novela picaresca« und »Schelmenroman«. Ein Vergleich. In: Germanisch-Romanische Monatsschrift. Beiheft 1 (1979) S. 30–66.
Roloff, Volker / Wentzlaff-Eggebert, Harald (Hrsg.): Der spanische Roman – Vom Mittelalter bis zur Gegenwart. Stuttgart 1995.
Stoll, Andreas: Wege zu einer Soziologie des pikaresken Romans. In: Spanische Literatur im Goldenen Zeitalter. Fritz Schalk zum 70. Geburtstag. [Hrsg. von Horst Baader und Erich Loos.] Frankfurt a. M. 1973. S. 461–518.
Valentin, Jean-Marie: Französischer »Roman comique« und deutscher Schelmenroman. Opladen 1992.
Valbuena Prat, Ángel (Hrsg.): La Novela picaresca española. Madrid 1962.

»Von der ersten bis zur letzten Seite ist Martin Franzbachs neue *Geschichte der spanischen Literatur* eine Fundgrube für jede(n) an der spanischen Literatur Interessierte(n). Aus dem enzyklopädischen Reservoir seiner Kenntnisse breitet der Verfasser großzügig zahllose Tips, Empfehlungen, Daten und Deutungen vor seinen LeserInnen aus, deren Annahme fast mühelos eine auf hohem Niveau stehende Begegnung mit der spanischen Literatur ermöglicht.«

Burkhard Voigt in: Hispanorama Nr. 66, März 1994

Die Charakteristika dieser Literaturgeschichte: besondere Berücksichtigung des sozialgeschichtlichen Hintergrunds; Betonung des komparatistischen Aspekts (Stoff- und Motivgeschichte); ausführliche Würdigung der Literatur des 20. Jahrhunderts; stichwortartig konzentrierte Artikel zu Epochen, literarischen Gattungen, namhaften Schriftstellern und zentralen Werken; Textproben mit/in Übersetzung zur Veranschaulichung; kritisch ausgewählte bibliographische Angaben zum Selbststudium.

Martin Franzbach:
Geschichte der spanischen Literatur im Überblick
432 Seiten
UB 8861

Philipp Reclam jun. Stuttgart